10

Schöningh
westermann

P.A.U.L. D.

Arbeitsheft

Herausgegeben von: Frank Radke

Erarbeitet von: Anne Gasch-Sigge
Frank Radke
Manuel Rahmann
Katja Wiertz
Martin Zurwehme
u. a.

Liebe Schülerinnen und Schüler,

in den Arbeitsheften von P.A.U.L. D. findet ihr folgende Symbole und Hilfen:

1. Mit den grünen Aufgaben übt ihr die einzelnen Themen grundlegend mithilfe von konkreten Anleitungen ein.

2. Mit den blauen Aufgaben könnt ihr an einem Thema weiterarbeiten und üben. Ihr erhaltet dabei Hilfestellungen, damit ihr sie lösen könnt.

3. Wenn ihr euch bei einem Thema sicher fühlt, könnt ihr die roten Aufgaben bearbeiten. Sie sind etwas schwieriger und ihr erhaltet hier nur wenige Hilfen.

Wenn ihr mit dem Arbeitsheft in der Schule arbeitet, achtet auf dieses Symbol. Diese Übungen bieten sich besonders dafür an, dass ihr sie gemeinsam mit einem oder zwei Mitschülern löst.

Dieses Symbol bedeutet, dass ihr die Lösung der Übung in eure Hefte schreiben sollt.

Das musst du wissen

In der Lernbox am Anfang eines Kapitels findet ihr alle Informationen und Regeln, die ihr braucht, um die Übungen zu bearbeiten. Hier könnt ihr immer wieder nachlesen, wenn ihr bei einer Übung Hilfe braucht.

Lösungen

In dem beiliegenden Lösungsheft findet ihr zu allen Übungen die Lösungen. Wenn es möglich ist, solltet ihr eure Lösungen mit einem Lernpartner zusammen kontrollieren:

- Tauscht eure Arbeitshefte bzw. Lösungen aus und kontrolliert die Lösungen mithilfe des Lösungsheftes gegenseitig.
- Besprecht dann eventuelle Fehler und klärt, was an den Lösungen verbessert werden muss. Versucht dabei, gemeinsam zu klären, warum ihr etwas nicht richtig gemacht habt und wie man diesen Fehler hätte vermeiden können.
- Korrigiert und verbessert nach der Besprechung eure eigene Lösung.

Viel Spaß beim Lernen und Üben mit den Arbeitsheften wünscht euch euer P. A.U.L. D.-Team!

westermann GRUPPE

Die Lösungen zu den Übungen befinden sich in der separaten Beilage.

www.schoeningh-schulbuch.de
Schöningh Verlag, Jühenplatz 1–3, 33098 Paderborn

Druck A⁴ / Jahr 2018
Alle Drucke der Serie A sind im Unterricht parallel verwendbar.

Illustrationen: Reinhild Kassing, Kassel
Umschlaggestaltung: Nora Krull, Bielefeld: Fotos: © vario images (v. l.), © Gael Conrad/CORBIS (v. r.), © alimdi.net/Sven Scholz (h.)

Druck und Bindung: westermann druck GmbH, Braunschweig

ISBN 978-3-14-**028111**-9

Inhaltsverzeichnis

Im ersten Abschnitt … – den Inhalt erfassen

Das musst du wissen

- In einer Kurzgeschichte wird die **Handlung** oft in **mehreren Stationen** erzählt.
- Diesen **Handlungsaufbau** musst du untersuchen, um entscheidende Ereignisse wie **Höhe-** und **Wendepunkte** zu erfassen.
- Oft haben **Anfang** und **Ende** einer Kurzgeschichte eine besondere Wirkung oder stehen in einem besonderen Verhältnis zueinander, z. B. indem sie dem Leser die Veränderung einer Figur oder Lebenssituation verdeutlichen.

1. Lies die folgende Kurzgeschichte genau und verschaffe dir einen Überblick über ihre Handlung. Gliedere den Text dazu in drei Abschnitte. Arbeite mit Markierungen und Stichworten am Rand.

Tanja Zimmermann

Eifersucht (1984)

Diese Tussi! Denkt wohl, sie wäre die Schönste, Juhu, die Dauerwelle wächst schon raus. Und diese Stiefelchen von ihr sind auch zu albern. Außerdem hat sie sowieso keine Ahnung. Von nix und wieder nix hat die 'ne Ahnung. Immer, wenn sie ihn sieht, schmeißt sie die Haare zurück wie 'ne Filmdiva. Das sieht doch ein Blinder, was die für 'ne Show abzieht. Ja, okay, sie kann ganz gut tanzen. Besser als ich. Zugegeben. Hat auch 'ne ganz gute Stimme, schöne Augen, aber dieses ständige Getue. Die geht einem ja schon nach fünf Minuten auf die Nerven.

Und der redet mit der … stundenlang. Extra nicht hingucken. Nee, jetzt legt er auch noch den Arm um die. Ich will hier weg! Aber aufstehen und gehen, das könnte der so passen. Damit die ihren Triumph hat.

Auf dem Klo sehe ich in den Spiegel, finde meine Augen widerlich, und auch sonst, ich könnte kotzen. Genau, ich müsste jetzt in Ohnmacht fallen, dann wird ihm das schon leid tun, sich stundenlang mit der zu unterhalten.

Als ich aus dem Klo komme, steht er da: „Sollen wir gehen?" Ich versuche es betont gleichgültig mit einem Wenn-du-willst, kann gar nicht sagen, wie froh ich bin. An der Tür frage ich, was denn mit Kirsten ist. „O Gott, eine Nervtante, nee, vielen Dank!"

„Och, ich find' die ganz nett, eigentlich", murmel ich.

2. Verschafft euch einen Überblick über die Kurzgeschichte. Haltet dazu den Inhalt der einzelnen Abschnitte in Stichworten fest.

Teil 1: Z. – Z. ; Inhalt:

Teil 2: Z. – Z. ; Inhalt:

Teil 3: Z. – Z. ; Inhalt:

3. Eine besondere Bedeutung hat der Schlusssatz der Kurzgeschichte. Kreuze an, welchen der folgenden Aussagen du zustimmen kannst.

- ☐ a) Die Erzählerin erkennt ihre unbegründete Eifersucht.
- ☐ b) Die Erzählerin macht durch ihren Schlusssatz noch einmal ihre Eifersucht auf Kirsten deutlich.
- ☐ c) Die Erzählerin schämt sich für ihre Eifersucht auf Kirsten.
- ☐ d) Mit ihrem Schlusssatz gesteht die Erzählerin ihrem Freund ihre Eifersucht auf Kirsten.
- ☐ e) Die Erzählerin nimmt mit ihrem Schlusssatz ihre vorangegangenen negativen Aussagen über Kirsten zurück.

Die Kurzgeschichte von ... – die Einleitung einer Textanalyse verfassen

Das musst du wissen

- In der Einleitung nennst du zunächst **Titel, Verfasser, Textsorte** und, soweit es dir bekannt ist, das **Erscheinungsjahr** des Textes.
- Anschließend legst du das **Thema** bzw. die Problematik des Textes dar.
- Gib dann einen kurzen **Überblick über die Handlung**, indem du den Inhalt zusammenfassend mit deinen eigenen Worten wiedergibst.

1. Notiert euch für einen Einleitungsteil stichwortartig die wichtigsten Angaben.

Autor: ______________________ Titel: ______________________

Textsorte: ______________________ Erscheinungsjahr: ______________________

Ort/Zeit der Handlung: ______________________

Inhalt/Handlungsüberblick: ______________________

____

____

2. Kreuzt nun an, welche Formulierung eurer Meinung nach am besten das Thema bzw. die Problematik der Kurzgeschichte „Eifersucht“ wiedergibt. Ihr könnt auch mehrere Formulierungen ankreuzen:

- ☐ a) Die Kurzgeschichte macht deutlich, dass man seinen Freunden vertrauen soll.
- ☐ b) Die in der Kurzgeschichte behandelte Problematik ist unbegründete Eifersucht.
- ☐ c) Thematisch geht es in der Kurzgeschichte um eine typische Konkurrenzsituation zwischen zwei jugendlichen Mädchen.
- ☐ d) In der Kurzgeschichte wird problematisiert, wie Eifersucht und Neid dazu führen, dass man andere verurteilt.
- ☐ e) Im Mittelpunkt der Kurzgeschichte steht die Frage, wie man damit umgehen soll, wenn man anderen unterlegen ist.
- ☐ f) Die Kurzgeschichte behandelt das Problem, dass man einem geliebten Menschen seine Gefühle zeigen sollte.

3. Verfasse nun einen Einleitungsteil für eine Analyse der Kurzgeschichte „Eifersucht“. Schreibe ihn in dein Heft.

Die Ich-Erzählerin und ihr Freund ... – Figuren und ihre Beziehungen untersuchen

Das musst du wissen

Um eine Kurzgeschichte verstehen zu können, solltest du dir ein möglichst genaues Bild von den Charakteren der Figuren, ihren Beziehungen untereinander und ihren Entwicklungen im Laufe des Geschehens machen. Bei der **Untersuchung der Figuren und ihrer Beziehungen** kannst du dich an folgenden allgemeinen Leitfragen orientieren:

- Welche Figuren kommen vor?
- Welche Eigenschaften haben sie?
- Wie verhalten sie sich?
- Warum verhalten sie sich so (Beweggründe/Motive/Ziele)?
- In welcher Beziehung stehen sie zueinander?
- Verändern bzw. entwickeln sich im Verlauf der Handlung Figuren und/oder ihre Beziehungen?

1. Beschreibe in Stichworten die wichtigsten Merkmale der folgenden Figurenbeziehungen:

Ich-Erzählerin – Kirsten: ______________________________

____

____

Ich-Erzählerin – Freund der Ich-Erzählerin: ______________________________

____

____

Kirsten – Freund der Ich-Erzählerin: ______________________________

____

____

2. Stellt die Beziehung der Figuren in einer Grafik dar. Arbeitet dabei mit

- Pfeilen (z. B.: →, ↔, –),
- Symbolen (z. B.: ♡, ϟ, ☺) oder
- Kommentaren (z. B.: verliebt, befreundet, Eifersucht).

Das Erzählverhalten ist … – die Erzähltechnik untersuchen

Das musst du wissen

- Bei der **Erzählform** unterscheidet man zwischen einer **Er-/Sie-Erzählung** und der **Ich-Erzählung**.
- Bei der **Erzählperspektive** unterscheidet man Innen- und Außenperspektive. Aus der **Innenperspektive** wird erzählt, wenn der Erzähler in die Figuren hineinsieht und auch ihre Gedanken und Gefühle kennt. Wenn der Leser nur das erfährt, was der Erzähler von außen betrachtend wahrnehmen kann, wird aus der **Außenperspektive** erzählt.
- Weiter kann der Erzähler zwischen verschiedenen **Erzählverhalten** wählen.
  - Beim **neutralen Erzählverhalten** wird das Geschehen in der Außensicht wie von einem unsichtbaren Beobachter dargelegt.
  - Beim **personalen Erzählverhalten** beschränkt sich der Erzähler auf die Sicht einer Figur. Der Leser erlebt das Geschehen aus der Innensicht dieser Figur und teilt ihre Wahrnehmungen, Gedanken und Gefühle.
  - Beim **auktorialen Erzählverhalten (= allwissend)** kennt der Erzähler die Gedanken und Gefühle aller Figuren. Er kennt die Hintergründe des Geschehens und überblickt auch Vergangenheit, Gegenwart und Zukunft.

1. Kreuzt die zutreffenden Aussagen zur Erzähltechnik der Kurzgeschichte an.

- ☐ a) An vielen Stellen wird neutral erzählt.
- ☐ b) Es handelt sich um eine Ich-Erzählung.
- ☐ c) Durch die auktoriale Erzählweise wird man über die Gedanken und Gefühle Kirstens informiert.
- ☐ d) Die Er-Erzählung besitzt ein personales Erzählverhalten.
- ☐ e) Die Kurzgeschichte ist durchgängig als innerer Monolog gestaltet.
- ☐ f) Das Erzählverhalten ist personal und beschränkt sich auf die Innensicht der Erzählerin.
- ☐ g) Der Freund der Erzählerin und Kirsten werden aus der Außensicht charakterisiert.
- ☐ h) Die Erzählerin informiert durch Rückblenden über die Hintergründe ihrer Beziehung zu Kirsten.

2. Beschreibe in einem zusammenfassenden Text die Erzähltechnik der Kurzgeschichte und ihre Wirkung.

Wortwahl, Satzbau, Sprachbilder … – die sprachliche Gestaltung untersuchen

Das musst du wissen

- Bei der Beschreibung und Untersuchung der **sprachlichen Gestaltung** kann man verschiedene Aspekte berücksichtigen, z. B. Wortwahl, Satzbau, Sprachbilder, Symbole, Wiederholungen, Schlüsselwörter oder -sätze, auffällige rhetorische Mittel.
- Wichtig ist, dass du die einzelnen Gestaltungsmittel nicht nur beschreibst, sondern auch ihre jeweilige Bedeutung und Wirkung im Zusammenhang mit dem Inhalt des Erzähltextes erklärst.

1. Weist an einzelnen Beispielen am Satzbau nach, dass das Geschehen in Form der Gedanken und Wahrnehmungen der Ich-Erzählerin bzw. als innerer Monolog wiedergegeben wird.

Z. 1: „…, Juhu, …“ (eingeschobener Ausruf)

Z. ______________________________

____

____

____

2. In der Kurzgeschichte finden sich umgangssprachliche Elemente. Suche einige Formulierungen heraus, die das besonders verdeutlichen.

Z. 1: „Diese Tussi“

Z. ______________________________

____

____

3. Erläutere in wenigen Sätzen die Wirkung der Wortwahl und des Satzbaus auf den Leser.

____

____

____

____

4. In Z. 3 finden sich zwei Wiederholungen. Gib die Wiederholungen an und erkläre ihre Wirkung.

5. In der Kurzgeschichte finden sich zwei sprachliche Bilder (= Metaphern, Vergleiche, Personifikationen). Gib an, um welche Art von sprachlichem Bild es sich hier handelt, und deute es.

Textstelle	Art des sprachlichen Bildes	Deutung
Z. 4: „wie 'ne Filmdiva“		
Z. 17: „eine Nervtante“		

6. Oft bestehen Zusammenhänge zwischen dem Titel bzw. der Überschrift und dem Inhalt der Kurzgeschichte, die für die Deutung der Kurzgeschichte wichtig sind. Schreibe auf, wie du den Titel der Kurzgeschichte „Eifersucht“ verstehst und welche Bedeutung er für die Kurzgeschichte hat.

Der letzte Schritt … – den Hauptteil und den Schluss einer Textanalyse verfassen

Das musst du wissen

Die Beschreibung und Deutung eines Textes nennt man **Analyse**.
Um die Ergebnisse deiner Analyse einer Kurzgeschichte schriftlich darzustellen, gehst du so vor:

- Beginne mit einer **Einleitung**, in der du Titel, Autor, Thema und Erscheinungsjahr der Kurzgeschichte nennst.
- Formuliere anschließend mit deinen eigenen Worten eine **Inhaltsangabe**, in der du nur die wichtigsten Geschehnisse in einer sinnvollen Reihenfolge wiedergibst. Denke daran, im Präsens zu schreiben und statt der wörtlichen die indirekte Rede zu verwenden.
- Untersuche dann den Text. Meistens bekommst du dazu passende **Fragestellungen**. Diese beziehen sich in der Regel auf folgende **Aspekte**:
  - Entwicklung der Figuren und ihrer Beziehungen.
  - Wendepunkte des erzählten Geschehens und der Handlung.
  - sprachliche Mittel und ihre Wirkung und Bedeutung.
  - Merkmale der Kurzgeschichte.
- Nimm zum **Schluss** zu einer konkreten Textstelle oder zu einem Aspekt der Kurzgeschichte Stellung. Formuliere dazu deine **eigene Meinung** und begründe sie. Häufig erhältst du auch hier eine passende Aufgabenstellung, die sich auf eine zentrale Textstelle, eine wichtige Aussage oder ein grundlegendes Problem bezieht.
- Belege wichtige Aussagen mit entsprechenden **Textverweisen und Zitaten**. Wie du zitierst, kannst du in deinem Arbeitsheft auf S. 13–14 nachlesen und üben.
- Achte darauf, dass du sachlich formulierst und im Präsens schreibst.

1. Verfasse auf der Grundlage deiner bisherigen Arbeit den Hauptteil einer Textanalyse zu der Kurzgeschichte „Eifersucht“ von Tanja Zimmermann. Gehe dabei so vor:
a) Stelle die Beziehung der Ich-Erzählerin zu ihrem Freund und zu Kirsten dar. Erläutere auch die Entwicklung dieser Beziehungen.
b) Erkläre die Bedeutung des Schlusssatzes.
c) Erläutere an einzelnen Beispielen, wie die Eifersucht der Ich-Erzählerin auf Kirsten durch die sprachliche Gestaltung verdeutlicht wird.
d) Deute abschließend den Titel der Kurzgeschichte.

2. Beurteile das Verhalten der Ich-Erzählerin ihrem Freund gegenüber am Schluss der Kurzgeschichte. Halte dazu zunächst in Stichworten fest, welche anderen Handlungsmöglichkeiten die Ich-Erzählerin gehabt hätte. Schreibe dann auf, wie du ihr Verhalten bewertest.

___

___

___

Wie belege ich meine Deutungen? – Richtig zitieren

Das musst du wissen

- Zitate können durch einen Begleitsatz eingeleitet werden. Die Kennzeichnung des Zitates erfolgt dann wie bei der wörtlichen Rede durch Anführungszeichen.
  Beispiel: *Die Erzählung „Eifersucht" von Tanja Zimmermann beginnt mit einem unvermittelten Einstieg: „Diese Tussi!" (Z. 1)*
- Sprachlich besser kann es oft sein, wenn Zitate in den Satzbau eingefügt werden. Der Doppelpunkt entfällt dann.
  Beispiel: *Der unvermittelte Einstieg in die Erzählung mit dem Ausruf „Diese Tussi!" (Z. 1) führt den Leser gleich in die Gedankenwelt der Ich-Erzählerin.*
- Manchmal erfordert es der eigene Satzbau, die Endung zitierter Wörter oder auch den zitierten Satzbau zu verändern. In diesem Fall werden die Änderungen in eckige Klammern gesetzt.
  Beispiel: *Als sie in den Spiegel schaut, findet sie „[ihre] Augen widerlich". (Z. 12)*
- Auslassungen in einem Zitat werden durch drei Punkte in eckigen Klammern angezeigt.
  Beispiel: *„Ich [...] kann gar nicht sagen, wie froh ich bin." (Z. 15ff.)*
- Eine wörtliche Rede, ein Titel oder ein Zitat innerhalb eines Zitates werden durch halbe Anführungszeichen kenntlich gemacht.
  Beispiel: *Die Erzählung endet damit, dass die Ich-Erzählerin nicht ganz der Wahrheit entsprechend murmelt „‚Och, ich find' die ganz nett, eigentlich'". (Z. 19)*
- Wenn auf einen Textteil Bezug genommen, aber nicht wörtlich zitiert wird, verwendet man für die Quellenangabe die Abkürzung „vgl." (vergleiche).
  Beispiel: *Die Ich-Erzählerin ist erleichtert, dass ihr Freund Kirsten nicht mag (vgl. Z. 17f.).*

1. Lies den Text „Eifersucht" von Tanja Zimmermann (s. S. 5). Durch welche Textstellen können die folgenden Aussagen belegt werden? Gib jeweils an: (vgl. Z. xxx).

- Die Ich-Erzählerin ist neidisch auf Kirsten. ____________________
- Die Ich-Erzählerin ist eifersüchtig auf Kirsten. ____________________
- Die Ich-Erzählerin empfindet ihr Aussehen als weniger attraktiv gegenüber dem Aussehen Kirstens. ____________________
- Im Gegensatz zu der Annahme der Ich-Erzählerin hat ihr Freund kein Interesse an Kirsten. ____________________

2. Schreibt die folgenden Sätze mit den für das korrekte Zitieren notwendigen Ergänzungen (Anführungszeichen, Zeilenbeleg, vgl., Klammer) neu auf.

- Der erste Gedanke der Ich-Erzählerin Diese Tussi! zeigt, wie sehr sie Kirstens Anwesenheit bei der Party stört.

- Indem er Kirsten als Nervtante bezeichnet, macht der Junge deutlich, dass er kein Interesse an Kirsten hat.

- Die Ich-Erzählerin hat das Gefühl, weniger attraktiv als Kirsten zu sein.

- Wie wenig die Ich-Erzählerin mit ihrem Aussehen zufrieden ist, zeigt sich, als sie auf dem Klo in den Spiegel schaut und ihre Augen widerlich findet.

- Als die Ich-Erzählerin beobachtet, wie sich ihr Freund Kirsten gegenüber verhält, wird ihre Eifersucht deutlich.

- Mit der letzten Aussage der Ich-Erzählerin Och, ich find' die ganz nett, eigentlich macht die Ich-Erzählerin ihre Erleichterung deutlich.

- Die Ich-Erzählerin überlegt, wie sie ihren Freund dafür bestrafen kann, dass er sich mit Kirsten unterhalten hat.

„Das Ständchen" – den Inhalt eines Gedichts erschließen

Das musst du wissen

- Bei der Analyse (= Beschreibung und Deutung) eines Gedichts geht es vor allem darum, den **Inhalt des Gedichts** zu erschließen.
- Du gehst das Gedicht **Strophe für Strophe** durch und beschreibst und deutest die Strophen zunächst einzeln, zeigst dann aber auch Entwicklungen innerhalb des Gedichts auf.
- Um den Inhalt des Gedichts zu erschließen, können dir z. B. folgende Fragen helfen:
  – Wen oder was stellt das lyrische Ich dar?
  – In welcher Situation befindet sich das lyrische Ich?
  – Über welche Ereignisse spricht das lyrische Ich?
  – Welche Gefühle und Gedanken hat das lyrische Ich?
  – Wen spricht das lyrische Ich an und was teilt es seinem Gesprächspartner mit?
  – Welche Stimmung oder Atmosphäre herrscht in dem Gedicht?
  – Gibt es Entwicklungen oder Veränderungen in dem Gedicht?

Joseph von Eichendorff (1788–1857)

Das Ständchen[1]

Auf die Dächer zwischen blassen
Wolken scheint der Mond herfür[2],
Ein Student dort auf der Gassen[3]
Singt vor seiner Liebsten Tür.

Und die Brunnen rauschen wieder
Durch die stille Einsamkeit,
Und der Wald vom Berge nieder,
Wie in alter, schöner Zeit.

So in meinen jungen Tagen
Hab ich manche Sommernacht
Auch die Laute[4] hier geschlagen
Und manch lustges Lied erdacht.

Aber von der stillen Schwelle
Trugen sie mein Lieb zur Ruh[5] –
Und du, fröhlicher Geselle[6],
Singe, sing nur immer zu!

(1833)

[1] Ständchen: Vortrag eines kurzen Musikstückes
[2] herfür: hervor
[3] Gasse: Straße
[4] Laute: Instrument mit Saiten
[5] zur Ruh: zum Grab
[6] Geselle: hier: Freund

Carl Spitzweg: Das Ständchen (1854)

1. Geht das Gedicht Strophe für Strophe durch. Haltet neben den Strophen in Stichworten fest, worüber das lyrische Ich spricht.

2. Überprüft, ob ihr das Gedicht richtig verstanden habt, indem ihr die Fehler in den folgenden Aussagen über die einzelnen Strophen des Gedichts verbessert.

a) Die Szene, die das lyrische Ich darstellt, spielt am Morgen. (1. Strophe)

____

b) Das lyrische Ich singt ein Lied für seine Geliebte. (1. Strophe)

____

c) Das lyrische Ich beobachtet einen Arbeiter, der die Straße fegt. (1. Strophe)

____

d) Das lyrische Ich beschreibt, dass es völlig still ist. (2. Strophe)

____

e) Das lyrische Ich denkt an die Zukunft. (3. Strophe)

____

f) In seiner Jugend hatte das lyrische Ich keinen Sinn für Musik. (3. Strophe)

____

g) Das lyrische Ich lebt mit dem geliebten Menschen, an den es denkt, zusammen. (4. Strophe)

____

h) Das lyrische Ich will, dass der Straßenkehrer aufhört zu singen. (4. Strophe)

____

3. Beschreibt die Situation und die Stimmung, die in den ersten beiden Strophen dargestellt werden. Beantwortet dazu die folgenden Fragen:

a) Welche Tageszeit wird in Strophe 1 dargestellt und wie wird die Natur hier beschrieben?

b) Wen beobachtet das lyrische Ich in Strophe 1 und was macht dieser Mensch?

c) Was beschreibt das lyrische Ich in der zweiten Strophe?

d) Welche Atmosphäre und Stimmung herrschen in den ersten beiden Strophen?

4. Beschreibe in deinen eigenen Worten, was du in Strophe 3 über das lyrische Ich erfährst.

5. Erklärt, warum die vierte Strophe mit der Konjunktion „Aber“ (V. 13) beginnt und was ihr in den Versen 13 und 14 über das lyrische Ich erfahrt.

6. Warum fordert das lyrische Ich den Studenten dazu auf, weiterzusingen (V. 16)?

7. Fasse in einem Satz zusammen, ob das Gedicht deiner Meinung nach eher von Liebesglück oder von Liebesschmerz handelt.

8. Begib dich in Gedanken in das Gemälde auf S. 15 hinein und beschreibe die Szene entweder aus der Sicht eines Beobachters oder aus der Sicht des Mannes, der auf der Leiter steht.

Strophe, Vers, Reim – den äußeren Aufbau eines Gedichts beschreiben

Das musst du wissen

Zur Analyse (= Beschreibung und Deutung) eines Gedichts gehört dazu, dass du den äußeren Aufbau des Gedichts beschreibst. Hierbei ist es wichtig, auf die Zahl der Strophen und der Verse je Strophe einzugehen sowie das Reimschema des Gedichts zu kennzeichnen. Hierzu benutzt man kleine Buchstaben (a, b, c, d); reimen sich zwei Verse, kennzeichnet man sie mit demselben Buchstaben. Die wichtigsten Reimschemata sind:

- Kreuzreim (abab),
- Paarreim (aabb),
- umarmender Reim (abba).

1. Vervollständige die folgenden Aussagen zu dem Gedicht „Das Ständchen“.

Das Gedicht besteht aus ________ Strophen. Jede dieser Strophen umfasst ________ Verse, sodass das Gedicht insgesamt ____________________________ hat.

2. Kennzeichne am Rand des Gedichttextes auf S. 15 die Reime mithilfe von Kleinbuchstaben. Hilfe findest du in der Lernbox oben.

3. Vervollständige den Satz über die erste Strophe des Gedichts.

In der ersten Strophe des Gedichts „Das Ständchen“ von Joseph von Eichendorff liegt das Reimschema a, b, ____, ____ vor, es wird also ein ________________reim verwendet.

4. Kreuze an, welche Aussagen zum Reimschema in Joseph von Eichendorffs Gedicht zutreffen.

- ☐ In der zweiten und vierten Strophe liegt ein Paarreim vor.
- ☐ Das Reimschema ist in der zweiten Strophe ein Kreuzreim.
- ☐ In allen vier Strophen liegt ein umarmender Reim vor.
- ☐ In allen vier Strophen reimen sich der 1. und 3. sowie der 2. und 4. Vers.
- ☐ Das Reimschema der vierten Strophe entspricht dem der dritten Strophe.
- ☐ Es gibt kein einheitliches Reimschema.

5. Bestimme das Reimschema in der folgenden Strophe aus Joseph von Eichendorffs Gedicht „Nachtlied“.

Vergangen ist der lichte Tag,
Von ferne kommt der Glocken Schlag;
So reist die Zeit die ganze Nacht,
Nimmt manchen mit, ders nicht gedacht.

Reimschema: ___________reim

(a, _____, _____, _____)

Metapher, Anapher, Ellipse ... – sprachliche Mittel erkennen und deuten

Das musst du wissen

In Gedichten findest du sprachliche Gestaltungsmittel, die zur Wirkung des Gedichts beitragen.

Wichtige sprachliche Gestaltungsmittel sind z. B.:

- Alliteration (mehrere Wörter beginnen mit dem gleichen Laut),
- Anapher (mehrere Sätze, Satzteile oder Verse beginnen mit dem gleichen Wort bzw. den gleichen Wörtern),
- Ellipse (Auslassung von eigentlich notwendigen Satzgliedern, die man gedanklich jedoch leicht ergänzen kann),
- Kontrast (Gegensatz, z. B. von zwei Wörtern, die Gegensätzliches ausdrücken),
- Parallelismus (mehrere Sätze oder Satzteile haben einen parallelen Satzbau),
- Parataxe (Satzreihe von (einfachen) Hauptsätzen),
- Wiederholung (eines Wortes, Teilsatzes oder Satzes).

1. Das lyrische Ich beginnt mehrere Verse mit dem Wort „Und“ (5., 7., 12. und 15. Vers). Benenne das sprachliche Mittel, das das lyrische Ich hier benutzt.

____

2. Erkläre, welche Wirkung das lyrische Ich dadurch erreicht, dass es diese Verse mit demselben Wort beginnt.

____

____

____

3. Vervollständigt die Tabelle zu den sprachlichen Gestaltungsmitteln in dem Gedicht „Das Ständchen“.

Beispiele aus dem Text	Sprachliches Mittel	Wirkung/Deutung
„stille Einsamkeit“ (V. 6) „stillen Schwelle“ (V. 13)		

Beispiele aus dem Text	Sprachliches Mittel	Wirkung/Deutung
„Wie in alter, schöner Zeit./ So in meinen jungen Tagen" (V. 8–9)		
„Auch die Laute […]/Und manch lustges Lied […]" (V. 11–12)		
„Singe, sing nur immer zu!" (V. 16)		

4. Benenne die sprachlichen Mittel in den folgenden Versen aus einem anderen Gedicht Joseph von Eichendorffs und erkläre kurz die Wirkung der sprachlichen Mittel.

a) „Weit in einem Walde droben"

sprachliches Mittel: ______

Wirkung: ______

______

b) „Und die Nächte von Guitarren/Und Gesängen weich erschallen"

sprachliches Mittel: ______

Wirkung: ______

______

c) „Rittern reißen aus die Rosse"

sprachliches Mittel: ______

Wirkung: ______

______

b) „Weinet bitterlich und lachet"

sprachliches Mittel: ______

Wirkung: ______

______

In dem Gedicht … – eine schriftliche Gedichtanalyse verfassen

Das musst du wissen

Du kannst die **schriftliche Beschreibung und Deutung** (= Analyse) eines Gedichts so aufbauen:

- In der **Einleitung** nennst du wichtige Angaben zum Text (Textart, Titel, Autor, Erscheinungsjahr) und zum Thema des Gedichts (worum es geht bzw. was dargestellt wird).
- Im **Hauptteil** beschreibst du die äußere Form des Gedichts (Strophen- und Verszahl, Reimschema). Dann gibst du den Inhalt und deine Deutung des Gedichts Strophe für Strophe wieder. Dabei solltest du sprachliche Bilder und andere sprachliche Mittel sowie ihre Wirkung einbeziehen.
- Im **Schlussteil** fasst du die wichtigsten Ergebnisse deiner Beschreibung und Deutung des Gedichts zusammen. Versuche dabei, eine mögliche Aussageabsicht des Gedichts zu benennen. Abschließend kannst du eine persönliche Bewertung des Gedichts vornehmen.
- Schreibe **sachlich** und belege deine Aussagen mithilfe von **Textverweisen** und **Zitaten**.

1. Vervollständige den Einleitungssatz zu einer Analyse des Gedichts „Das Ständchen".

Das Gedicht „Das Ständchen" wurde von ______________________________

verfasst und ist ______________ zum ersten Mal erschienen.

2. Kreuze den Satz an, der das Thema des Gedichts am besten kennzeichnet.

- ☐ Das Thema des Gedichts ist das Studentenleben im 19. Jahrhundert.
- ☐ Das Gedicht handelt von den Erinnerungen des lyrischen Ichs an seine Jugend und seine frühere Liebe.
- ☐ In dem Gedicht werden ein junger Student und das lyrische Ich, das älter ist, gegenübergestellt.
- ☐ In dem Gedicht geht es um Jugend und Alter.

3. Schreibe den Hauptteil einer Analyse des Gedichts „Das Ständchen" in dein Heft. Orientiere dich dabei an den folgenden Hinweisen.

- Beschreibe den äußeren Aufbau des Gedichts (Zahl der Strophen und Verse, Reimschema).
- Beschreibe und deute, wie das lyrische Ich die Situation, das Verhalten des Studenten und seine eigenen Erinnerungen darstellt. Gehe dabei Strophe für Strophe vor.
- Beziehe die sprachlichen Gestaltungsmittel in deine Beschreibung und Deutung ein.

4. Fasse in einem Schlussteil eine mögliche Aussageabsicht des Gedichts zusammen und nimm eine begründete persönliche Bewertung des Textes vor. Vervollständige dazu die folgenden Satzanfänge.

- Das lyrische Ich möchte mit diesem Gedicht zeigen, ______________________

____

____

- Das Gedicht spricht mich an/spricht mich nicht an, weil ______________________

____

____

- An dem Gedicht gefällt mir/gefällt mir nicht, dass ______________________

____

____

5. Das Gedicht „Das Ständchen" von Joseph von Eichendorff enthält einige typische Merkmale der literarischen Epoche der Romantik. Erkläre, wo in dem Gedicht die folgenden Merkmale der Romantik deutlich werden.

- volksliedhafter, einfacher Aufbau: ______________________

____

- Abend/Nacht als wichtige Motive: ______________________

____

____

- Liebe als Thema, verbunden mit Motiv Sehnsucht: ______________________

____

____

____

Eine begabte Frau im 18. Jahrhundert – einen Sachtext erschließen

Das musst du wissen

- **Überfliege** den Text. Achte dabei besonders auf Bilder, Überschriften, Untertitel oder auffällige Textstellen.
- **Lies** dir den Text nun genau **Satz für Satz** durch.
- Versuche dir die **Bedeutung unbekannter Wörter** aus dem Textzusammenhang zu erschließen. Schlage in einem Wörterbuch nach, wenn dir das nicht gelingt.
- Gliedere den Text in **Sinnabschnitte** und gib jedem Abschnitt eine **passende Überschrift**.
- Markiere das **Wichtigste farblich**. Unterstreiche **Zusatzinformationen** mit einem feinen schwarzen Stift oder mit einem Bleistift.
- Notiere dir unter den Überschriften die wichtigsten Informationen der einzelnen Textabschnitte in **Stichworten am Textrand**.

Der folgende Text widmet sich Cornelia Schlosser, geb. Goethe, der Schwester von Johann Wolfgang von Goethe. Am 17. Dezember 1750 geboren, wurde sie gemeinsam mit ihrem Bruder erzogen. Die enge Beziehung der Geschwister lockerte sich mit dem Studium von Johann Wolfgang in Frankfurt. 1773 heiratete Cornelia Johann Georg Schlosser, einen Freund ihres Bruders. Sie bekam zwei Töchter und verstarb 1777. Die „Cornelia Goethe Akademie“ in Frankfurt am Main wählte sie 2001 als Namenspatronin.

Cornelia Goethe

Cornelia Goethe war die 15 Monate jüngere Schwester des berühmten Schriftstellers Johann Wolfgang von Goethe. Wolfgang nannte seine Schwester in einem Brief die „liebe Gefährtin“, deren Eigenständigkeit er bewunderte und deren kluges Urteil ihm ungeheuer wichtig für sein literarisches Schaffen war.
Cornelia Goethes Leben war kurz – sie starb mit 26 Jahren nach der Geburt ihres zweiten Kindes – und war im Ganzen wohl unglücklich. Als Tochter aus gutem Hause erhielt sie zusammen mit ihrem Bruder Johann Wolfgang eine Ausbildung, wie sie für Mädchen verpönt war. Die Freude an der Literatur verband die Geschwister aufs Engste. Aber während es der Bruder mit seiner Literatur zu Weltruhm brachte, konnte sich Cornelias literarisches Interesse durch die aufgezwungene traditionelle Frauenrolle nicht entfalten.

Die Freude an der Literatur verband die Geschwister seit ihrer Kindheit. Der strengen Autorität ihres Vaters, dem die Erziehung seiner Kinder Lebensaufgabe war, entzogen sich die beiden Kinder, indem sie heimlich Bücher lasen, die der Vater ablehnte. Die Literatur gab ihnen, was ihnen ihr streng geregeltes Leben nicht geben konnte.

In der Studienzeit entfremden sich die Geschwister. Wolfgang lebte sich in die männliche Vorrangstellung ein und erwartete, dass Cornelia nach den Regeln einer Frau lebte. Zugleich offenbarte sich seine besitzergreifende Abhängigkeit von der geliebten Schwester, als er, nach der „eigenmächtigen“ Heirat Cornelias mit Johann Georg Schlosser, tief verletzt den Kontakt mit seiner Schwester abbrach.

Auf geistiger Ebene gab die Beziehung zu Wolfgang Cornelia den Raum, in dem sie ihre Begabung entfalten konnte. Auf menschlicher Ebene war der Bruder vielleicht der Mensch, zu dem sie eine Beziehung aufbauen konnte. Die Beziehung konnte aber nur solange glücklich sein, wie Cornelia die Rolle der Schülerin einnahm. Als Cornelia dem in Leipzig studierenden Wolfgang in einem ihrer Briefe eine Erzählung schickt, beurteilt er enthusiastisch[1] das literarische Können der Schwester. Zugleich schreibt er ihr vor, welche Bücher sie zu lesen habe. Der kluge Rat der Schwester war erwünscht, nicht aber eine Partnerschaft.

Vom Bruder ignoriert, vom Ehemann, der kein Interesse an geistigem Austausch mit seiner gebildeten Ehefrau hatte, missachtet, verstummte Cornelia in der Provinzstadt Emmendingen. Das geheime Tagebuch aus ihrer Jugendzeit, das Cornelias Schicksal als Frau behandelt, ist das einzige literarische Zeugnis einer befähigten jungen Frau, der es in ihrer Zeit nicht möglich war, ihre Potenziale zu entfalten.

Die „Cornelia Goethe Akademie“ ist in der Straße des Goethehauses ansässig und widmet ihre Arbeit dem Andenken der jungen begabten Frau, und dem Anspruch, Wissen zu vermitteln und Begabungen zu entdecken und zu fördern.

[1] enthusiastisch: überschwänglich

1. Ordne die folgenden Überschriften den Textabschnitten zu und schreibe sie auf die entsprechende Linie.

- Das besondere Verhältnis zum Bruder
- Die „Cornelia Goethe Akademie“
- Das Tagebuch als literarisches Zeugnis
- Das tragische Schicksal einer begabten Frau
- Keine Partnerin, sondern Schülerin

2. Erschließe den Text mithilfe von Markierungen, Unterstreichungen und Stichworten am Textrand. Gehe dabei so vor, wie es in der Lernbox auf S. 24 oben beschrieben wird.

3. Beantwortet nun folgende Fragen. Sucht dazu die entsprechenden Textstellen heraus und erklärt ihre Bedeutung in deinen Worten.

a) Was war Johann Wolfgang von Goethe für sein eigenes Schreiben besonders wichtig?

b) Warum konnte sich Cornelia Goethes Talent zum Schreiben nicht entfalten?

c) Warum entfremdeten sich die Geschwister in der Studienzeit voneinander?

d) Welche Bedeutung hat das geheime Tagebuch aus der Jugendzeit von Cornelia Goethe?

4. Stellt euch vor, eure Schule müsste sich für einen Schulnamen entscheiden. Sammelt Argumente für und gegen Cornelia Goethe als Namensgeberin für eure Schule.

5. Schreibe einen Brief an deinen Schulleiter. Lege ihm darin begründet dar, warum du dich für oder gegen Cornelia Goethe als Namensgeberin deiner Schule entscheiden würdest.

Mahatma Gandhi – Sachtexten Informationen entnehmen und eine berühmte Persönlichkeit vorstellen

Das musst du wissen

- Bei der **Vorstellung einer berühmten Persönlichkeit** geht es **nicht nur** um deren **Lebensdaten**. Es geht vor allem darum, dass du deinem Leser deutlich machst, was das **Außergewöhnliche an dieser Persönlichkeit** ist.
- Stell dir z. B. vor, dass du einen **Artikel für die Schülerzeitung** deiner Schule schreiben sollst und in diesem Artikel eine berühmte Persönlichkeit vorstellen sollst.
- Gehe in der Einleitung kurz darauf ein, welche Persönlichkeit du warum vorstellen willst.
- Wichtig ist, dass du dir dann für den Hauptteil eine **sinnvolle Reihenfolge** überlegst, in der du die einzelnen Informationen zu der berühmten Persönlichkeit darlegen willst. Du kannst dich zum Beispiel an ihren **besonderen Lebensleistungen** orientieren oder an ihren **Lebensdaten**.
- Am Schluss kannst du begründet darlegen, warum die von dir vorgestellte Persönlichkeit heute noch wichtig ist.

Gandhi

Gandhi (eigentlich Mohandás Karamchand Gándhí) wurde am 2. Oktober 1869 in Porbandar auf der Halbinsel Kathiawar [im Nordwesten Indiens] geboren.
Die wichtigste Person in seinem Leben war seine Mutter Putlibai. Sie war Analphabetin und lebte ein sehr enthaltsames Leben nach sehr strengen religiösen Vorschriften. Vor allem das Fasten wurde von Gandhi später selbst praktiziert und für seine Ziele eingesetzt.
Gandhi wurde im Laufe seines Lebens zu einem überzeugten Freiheits- und Menschenrechtskämpfer. Seine Anhänger verehrten ihn fast wie einen Heiligen und gaben ihm den Ehrennamen Mahatma („große Seele"), weil Gandhi sich mit ganzer Seele für sein Land Indien einsetzte und es von der Kolonialmacht England befreien und es unabhängig machen wollte.
Er tat dies ganz ohne Gewalt: Als er zum Widerstand gegen die englische Krone aufrief, wurden indische Kinder von Schulen genommen, Staatsdiener hörten auf zu arbeiten, in allen Städten gab es Sitzstreiks.
Zum Symbol des Widerstands wurde das Spinnrad als Zeichen dafür, dass die Inder sich ihre Kleider selbst webten und keine englischen Hosen und Hemden mehr trugen. Im März 1930 führte Gandhi den berühmten „Salzmarsch" an, der über eine Strecke von 380 km führte. Es sollte hiermit dagegen protestiert werden, dass die Inder hohe Steuern für das Salz zahlen mussten, das im eigenen Land gewonnen wurde. Der Protestmarsch hatte Erfolg: Die britische Kolonialregierung gestattete den Indern die Salzgewinnung für ihren persönlichen Bedarf.
Gandhi landete mehrere Male im Gefängnis. Insgesamt saß er acht Jahre dort. Kaum war er wieder frei, kämpfte er weiter für Frieden und Unabhängigkeit. Manchmal hungerte er wochenlang, um seine Ziele durchzusetzen.
1947 erfüllte sich sein größter Wunsch: Großbritannien entließ Indien in die Unabhängigkeit. Gleichzeitig wurde die Teilung Indiens in zwei Staaten bekannt gegeben, das hauptsächlich hinduistische Indien und das vor allem moslemische Pakistan. Ein Jahr später wurde Gandhi im Alter von 79 Jahren in Neu Delhi von einem seiner Gegner ermordet.

1. Arbeite mithilfe von Markierungen und Unterstreichungen heraus, was du in dem Text über die Lebensdaten und die besonderen Lebensleistungen Mahatma Gandhis erfährst. Arbeite dabei mit zwei Farben.

2. Schreibe auf, worin deiner Meinung nach das Außergewöhnliche dieser berühmten Persönlichkeit besteht.

Der folgende Text liefert dir noch weitere Informationen zum Leben und Wirken von Mahatma Gandhi.

Kathrin van Booth

Ein Mann besiegt eine Weltmacht

Der kleine, magere Mann in dem Erste-Klasse-Abteil ist sehr elegant gekleidet. Er trägt einen modischen Gehrock und ein Hemd mit strahlend weißem Stehkragen. Trotz der Hitze in dem Zug nach Pretoria trägt er weiße Handschuhe und balanciert einen Seidenzylinder auf seinen Knien. Höflich steht er auf, als ein weiterer Reisender die Abteiltür öffnet. Der aber sieht ihn nur mit verächtlichem Blick an und sagt: „Raus hier, Farbige gehören in den Gepäckwagen."

Ein Mann gegen eine Weltmacht

Der kleine Mann bleibt höflich trotz dieser Beleidigung. Er nimmt seinen Fahrschein aus der Tasche und reicht sie dem Südafrikaner. Der lacht auf, zerreißt das Stück Papier und schreit nach dem Zugpersonal. Und als man an der nächsten Station anlangt, werfen zwei Zugangestellte den Mann im Gehrock aus dem Wagen. Es ist Mitternacht, und es werden sieben Stunden vergehen, bis der nächste Zug die kleine Station Pietermaritzburg erreicht. Und diese sieben Stunden verwandeln den kleinen Rechtsanwalt, der ganz allein eine Weltmacht herausfordern – und besiegen wird! Und das ganz ohne Gewalt.
Der Rechtsanwalt hieß Gandhi (1869–1948). Wie kaum ein Zweiter hat er unsere Welt – vor allem aber unser Denken – verändert. Sein Name fiel immer wieder, als in den vergangenen Jahren die Menschen in Polen, in der Tschechoslowakei und der DDR ihre Freiheit erkämpften.[1] Denn das Rezept stammt von Gandhi.
Niemand hat so wie Gandhi mit den Armen und Unterdrückten gefühlt. – Dabei kannte er als Kind keine Not. Er war der Sohn eines reichen und einflussreichen Politikers aus Porbandar. Dieser Kleinstaat wurde, wie die anderen rund 500 Fürstentümer Indiens, von einem Maharadscha regiert. Doch der wahre Herr Indiens waren nicht die vielen Fürsten, sondern die größte Macht der Erde: England!
Die britischen Kolonialherren und die Fürsten lebten in unvorstellbarem Reichtum. Die Masse der rund 500 Millionen Inder aber besaß nichts! Von dieser Armut bekam der junge Gandhi zunächst wenig mit. Schon als Jugendlicher kam er nach England und ließ sich dort als Jurist ausbilden. Gleich einer seiner ersten Aufträge führte ihn nach Südafrika. Und im Zug in die Hauptstadt Pretoria machte er dann die für ihn entscheidende Erfahrung.
In den nun folgenden 32 Jahren setzt Gandhi die ganze Welt in Erstaunen. In Indien herrschen noch uneingeschränkt die Briten. Doch der kleine Anwalt will die Unabhängigkeit, um

[1] In den genannten Ländern herrschten nach dem Zweiten Weltkrieg diktatorische Regierungssysteme, die die Freiheit der Menschen stark einschränkten. Diese diktatorischen Regierungen wurden durch den massiven, aber weitgehend friedlichen Protest der Bürger gestürzt. Die Länder „Tschechoslowakei" und „DDR" gibt es heute so nicht mehr.

das Massenelend in seiner Heimat zu beseitigen. Um das zu erreichen, plant er keine blutigen Aufstände, sondern trifft die Kolonialherren da, wo's ihnen am wehesten tut: in der Brieftasche.

Gandhi auf dem „Marsch zum Meer", 1930

Die Engländer verdienen gut an den Indern. So kaufen sie zum Beispiel ganz billig im Land Rohwolle auf. Die verschiffen sie in ihre Heimat und verarbeiten sie in ihren Fabriken. Aus der Rohwolle wird in Europa Kleidung gefertigt, die dann zurück nach Indien geht – und dort mit tausendfachem Gewinn wieder an die Inder verkauft wird ...

Was kann man tun? Gandhi findet einen Weg, einen ganz gewaltlosen! Er verbrennt öffentlich seinen englischen Gehrock, kauft sich ein einfaches Holzspinnrad und webt seine Kleidung selbst! Von nun an trägt er an seinem Leib nur noch Selbstgewebtes – und Millionen Landsleute folgen dem Beispiel. Europäische Kleidung zu tragen gilt als Verrat! In Großbritannien aber gehen reihenweise Textilfabriken Pleite.

Der nächste Schritt macht Gandhi in der ganzen Welt berühmt. 1930 ruft er zu einem Marsch ans Meer auf. Denn dort liegt auf großen weißen Flächen an der Küste das kostbare Salz. Für die Inder ist dieses Gewürz – so wie für uns – ein unverzichtbarer Teil der Speisen. Aber sie dürfen es nicht selbst aufsammeln. Das ist strengstens verboten! Die Briten haben für sich allein die „Salz-Rechte" in Indien gepachtet.

Gegen dieses Unrecht, das vor allem die ganz Armen trifft, geht Gandhi an. Mit Millionen Landsleuten zieht er an die Küste. Vor den Augen britischer Polizei bückt er sich, nimmt ein Stück abgelagertes Salz – und zeigt es seinen Begleitern. Und jubelnd tun sie es ihm nach!

Indien wird frei

Dafür wird Gandhi, wie schon so oft zuvor, von den Briten verhaftet und eingesperrt. Doch damals war schon klar: Der kleine Mann mit dem Lendenschurz hatte das mächtige England besiegt!

Am 15. August 1947 war es so weit. England entließ Indien in die Unabhängigkeit. Mit Klugheit, Tricks und List, aber stets gewaltlos, hatte Gandhi sein Ziel erreicht. Umso tragischer, dass er selbst nur fünf Monate später ein Opfer der Gewalt wurde. Ein Attentäter erschoss den Mann, der schon lange „Mahatma" genannt wurde. Das bedeutet: „die große Seele".

2. Lies den Text überfliegend. Achte dabei auf die Bilder und herausgehobene Textstellen wie z. B. die Überschriften.

3. Erkläre, nachdem du den Text zwei-/dreimal überfliegend gelesen hast, einem Lernpartner, welche Informationen du dem Text dabei entnommen hast.

4. Bearbeitet den Text, indem ihr die wichtigsten Informationen zu folgenden Gesichtspunkten in Stichworten entnehmt:
- die Lebensumstände der Inder in Südafrika
- die besondere Lebensleistung von Mahatma Gandhi
- die Herkunft Gandhis – seine Eltern, seine Jugend
- seine „Kampfmethode“ gegen den Unrechtsstaat Südafrika und gegen die Kolonialmacht England in Indien
- sein Lebensende

Günstig ist es, wenn ihr dazu mit Karteikarten arbeitet (oder mit Zetteln in entsprechender Größe), dann könnt ihr die Informationen später gut ergänzen.

Gandhi als junger Rechtsanwalt

Gandhi in Indien

5. Verfasse zu den beiden Bildern von Mahatma Gandhi ausführliche Bilderklärungen.

6. Verfasse nun eine eigene Vorstellung von Mahatma Gandhi. Stelle dir dabei vor, du schreibst einen Artikel für die Schülerzeitung. Vergiss nicht, deinem Artikel eine passende Überschrift zu geben, und beachte die Hinweise in der Lernbox auf S. 27.
Du kannst deinen Artikel mit einem der beiden folgenden Einleitungssätze beginnen:

- *Mahatma Gandhi, der berühmte Verfechter des gewaltlosen Widerstands gegen die Unterdrückung, wird am 2. Oktober 1869 in Indien geboren. Sein Vater ist ein …*

- *Mahatma Gandhi wurde berühmt durch seinen Aufruf zum gewaltlosen Widerstand gegen die Unterdrückung der Inder durch die Engländer. Sein Aufruf führte dazu, dass England im Jahr 1947 Indien in die Unabhängigkeit entließ. …*

Pro und Kontra – Argumente sammeln

Das musst du wissen

- In einer **Argumentation** begründest du deinen **Standpunkt zu einem strittigen Thema**. Dabei musst du deinen Standpunkt mit entsprechenden **Argumenten** begründen.
- Um dich für einen Standpunkt entscheiden und ihn vertreten zu können, solltest du zunächst möglichst viele **Argumente** nach **Pro und Kontra** geordnet zu dem strittigen Thema **sammeln**.

Die Schüler der Klasse 10 a diskutieren über eine Ausgabe der Zeitschrift „DER SPIEGEL".

- Natürlich, wenn man bei einer Internetrecherche etwas mit einer Suchmaschine sucht, bekommt man die beliebtesten Seiten und nicht die besten Informationen zu einem Thema.
- Viel mehr Menschen als früher können sich heute mithilfe des Internets Wissen besorgen und sich weiterbilden.
- Die ältere Generation behauptet immer über die Jugend, dass sie dümmer werde. Das war schon bei den alten Griechen so.
- Nachdem ich stundenlang gesurft habe, bin ich oft nicht mehr in der Lage, mich auf etwas anderes, wie z. B. die Hausaufgaben, zu konzentrieren.
- Studien zeigen aber, dass man von übermäßigem Internetgebrauch süchtig wird.
- Sie sagen auch, dass die Gehirnleistung deswegen nachweislich nachlässt.

- Andere Wissenschaftler behaupten allerdings, die modernen Kommunikationsmedien hätten dafür gesorgt, dass unser Gehirn besser und schneller denkt.

1. Seht euch die Argumente der Schüler an. Kennzeichnet die Argumente nach Pro und Kontra, indem ihr sie mit zwei Farben markiert.

2. Übernimm die Argumente nach Pro und Kontra geordnet in dein Heft.

3. Sammelt möglichst viele weitere Pro- und Kontra-Argumente zu der Problemfrage: „Macht das Internet dumm?" Ergänzt damit eure Sammlung von Pro- und Kontra-Argumenten in euren Heften.

4. Wähle aus deiner Sammlung von Pro- und Kontra-Argumenten jeweils die deiner Meinung nach drei stärksten Pro- und Kontra-Argumente aus. Trage diese in die Tabelle ein.

Macht das Internet dumm?	
Pro-Argumente	**Kontra-Argumente**

Jeder kennt das … – die Einleitung verfassen

Das musst du wissen

Bevor du deinen Standpunkt zu der Problemfrage darlegst, musst du den Leser in der Einleitung in das strittige Thema einführen. Als Hinführung kann dienen:

- ein **persönliches Erlebnis** (z. B. Erfahrungen mit dem Internet in der Schule)
- eine **aktuelle Diskussion** aus den Nachrichten oder den Medien (z. B. in „DER SPIEGEL")
- eine **Tatsache** (z. B. Umfragen oder Statistiken beispielsweise zur täglichen Nutzungsdauer des Internets bei Jugendlichen)
- eine **Begriffserklärung** (z. B. des Begriffs neue Medien)
- eine **beobachtbare aktuelle Tendenz** (z. B. die Zunahme der Bedeutung des Internets in der Berufswelt und im Alltag)
- eine **Behauptung**, ein Zitat, eine Redewendung, ein Sprichwort oder Ähnliches (z. B. „Ich google das mal eben.")
- ein **Vergleich zwischen früher und heute**

1. Überarbeite folgende Einleitung zum Thema „Macht das Internet dumm?"

Macht das Internet dumm? Keine leichte Frage, aber doch eine, die uns heute alle angeht. Deshalb haben wir dieses Problem in den letzten Stunden im Deutschunterricht unserer Klasse lange und intensiv diskutiert. Dabei bin ich zu folgendem Standpunkt gekommen …

Das Internet verändert auch … – Argumente ausbauen

Das musst du wissen

Du begründest deinen Standpunkt mit Argumenten, die für diesen Standpunkt sprechen.

- Deinen **Standpunkt** kannst du in einer **Behauptung (= These)** ausdrücken (z. B. *Ich denke, dass das Internet dumm macht*).
- Diese Behauptung stützt du dann mit **Argumenten und Begründungen**.
- Noch überzeugender wird deine Argumentation, wenn du deine Argumente und Begründungen mit **Belegen und Beispielen** sicherst und veranschaulichst. Solche Belege können sein:
  – eigene Erfahrungen,
  – Fallbeispiele (z. B. aus den Medien),
  – nachweisbare Tatsachen (z. B. Statistiken),
  – allgemeine anerkannte Werte und Normen (z. B. Menschenrechte),
  – Berufung auf anerkannte Autoritäten wie z. B. Experten.

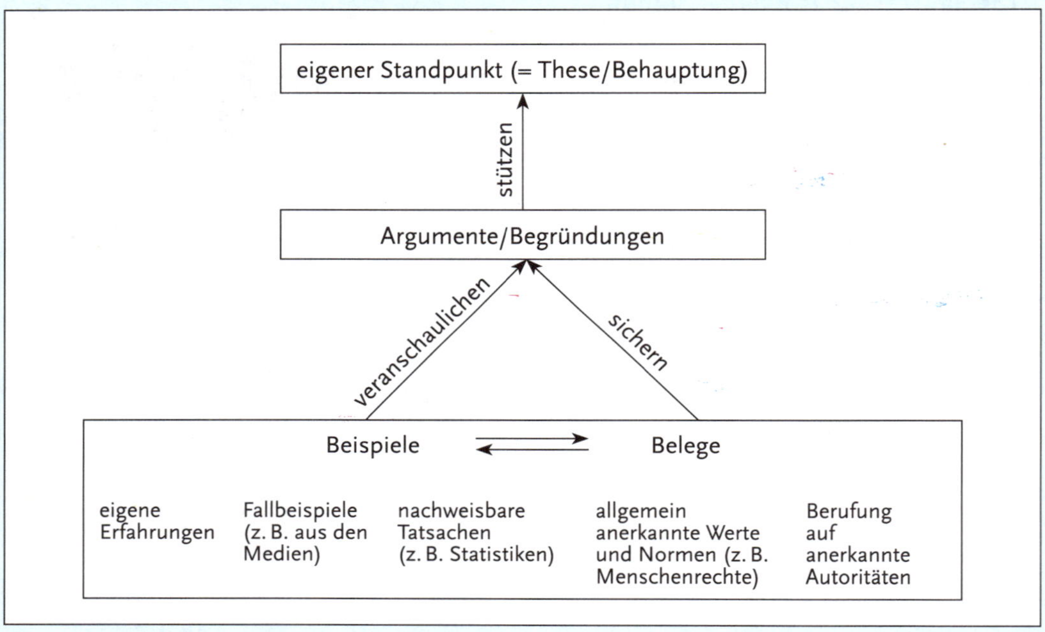

1. Untersucht die folgenden Argumente mithilfe der Informationen und des Schaubildes in der Lernbox.

- Markiert die einzelnen Bausteine der Argumente mit verschiedenen Farben.
- Schreibt auf die Linie, ob es sich um ein Argument für (= Pro-Argument) oder gegen (= Kontra-Argument) den Standpunkt *„Das Internet macht dumm"* handelt.

Ich denke, das Internet macht uns ein Stück weit dümmer. Viele Menschen informieren sich nur noch aus dem Internet. Dies hat unsere Lesegewohnheiten so vollständig verändert, dass wir uns z. B. bei politischen Ereignissen nur noch oberflächlich auskennen. Niemand liest mehr Zeitungen oder Internetberichte vollständig durch. Die meisten Schüler, die ich kenne, überfliegen wie ich nur noch die Schlagzeilen auf der Startseite ihres

E-Mail-Anbieters. Deshalb kennen sich viele Schüler z. B. bei politischen Ereignissen nur noch oberflächlich aus.

Art des Arguments: ____________________

Zu sagen, dass das Internet dumm mache, ist sehr einseitig. Aufgrund der Informationsvielfalt und -geschwindigkeit, die das Internet bietet, sind die Menschen heute in der Lage, Informationen sehr viel schneller zu verarbeiten, als noch vor zwanzig Jahren. Auch der US-Autor Johnson weist darauf hin, dass die modernen Kommunikationsmedien, wie das Internet, das Gehirn trainierten, besser und schneller zu denken.

Art des Arguments: ____________________

2. Baue die folgenden drei Argumente zu der Frage „Macht das Internet dumm?" aus. Gehe dabei so vor, wie es in der Lernbox auf S. 34 beschrieben wird.

Problematisch ist das Überangebot an Informationen.

____

____

____

____

Viel mehr Menschen haben durch das Internet Zugang zu Wissen und Bildung.

____

____

____

____

Suchtgefahr bei übermäßigem Internetkonsum.

____

____

____

____

Vom schwächsten zum stärksten Argument – den Hauptteil einer Argumentation verfassen

Das musst du wissen

Den Hauptteil einer Argumentation kannst du **linear** oder **antithetisch** ausgestalten.

1. Bei der linearen Analyse legst du nur die Argumente für deinen Standpunkt dar.

   Tipp: Führe die Argumente für deinen Standpunkt **vom schwächsten zum stärksten Argument** gesteigert aus.

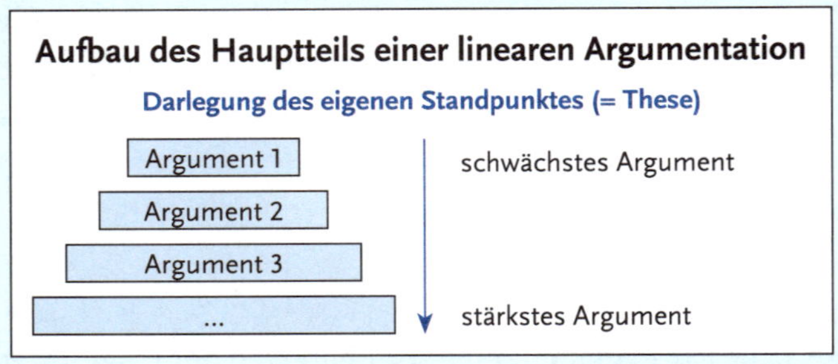

2. Bei der **anithetischen Argumentation** legst du neben deinem Standpunkt und den Pro-Argumenten **auch** den **Gegenstandpunkt** und die **Kontra-Argumente** dar.

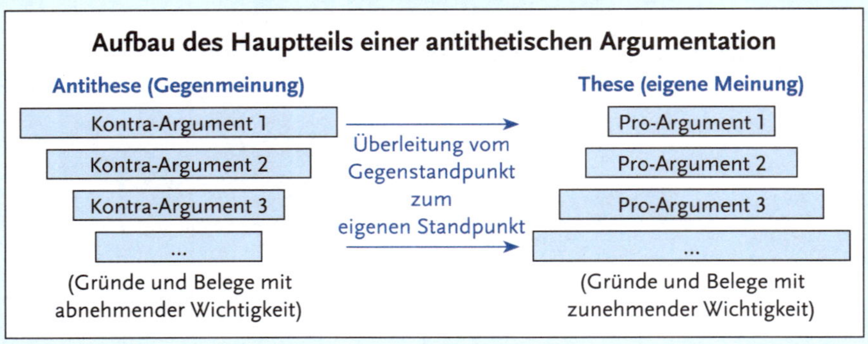

Tipp: Lege zuerst die **Argumente der Gegenseite** vom **stärksten zum schwächsten** dar. Führe dann die **Argumente für deinen Standpunkt** genau anders herum, vom **schwächsten zum stärksten** Argument aus.

1. Entscheide dich, welchen Standpunkt du zu der Frage „Macht das Internet dumm?“ einnimmst.

- Ordne die Pro-Argumente von S. 32 für deinen Standpunkt vom schwächsten zum stärksten Argument, indem du sie entsprechend durchnummerierst.
- Ordne die Kontra-Argumente vom stärksten zum schwächsten. Nummeriere sie wieder entsprechend.

2. Erstelle die Gliederung für eine lineare Argumentation, in der du deinen Standpunkt vertrittst. Vervollständige dazu die folgende Übersicht.

Macht das Internet dumm?

1. Einleitung:

____

____

2. Hauptteil:

2.1 eigener Standpunkt (= These):

2.2 Pro-Argument 1 (schwächstes Argument)
Begründung:

Beispiele/Belege:

2.3 Pro-Argument 2
Begründung:

Beispiele/Belege:

2.4 Pro-Argument 3 (stärkstes Argument)
Begründung:

Beispiele/Belege:

3. Entscheide dich, ob du eine lineare oder antithetische Argumentation zu der Frage „Macht das Internet dumm?" schreiben willst. Verfasse die Einleitung und den Hauptteil einer entsprechenden Argumentation auf der Grundlage deiner bisherigen Vorarbeiten.

4. Beende deine Argumentation, indem du abschließend deine Meinung zusammenfasst.
- Dazu kannst du ein Fazit ziehen (z. B. indem du das Wichtigste der dargelegten Argumente zusammenfasst oder zusammenfassend gegeneinander abwägst).
- Oft bietet es sich an, mit einem Ausblick (z. B. auf eine mögliche Entwicklung des Problems) oder mit einem Appell an den Leser zu enden.

Anlass, Redesituation, Sinnabschnitte … – sich einen Überblick über eine Rede verschaffen

Das musst du wissen

Wenn man eine Rede analysieren will, ist es sinnvoll, zunächst ihre Bestandteile genauer zu untersuchen:

1. Die **Redesituation** lässt sich am besten durch die Beantwortung der **W-Fragen** beschreiben:
   - Wer hält die Rede?
   - An wen ist die Rede gerichtet?
   - Zu welchem Anlass wird die Rede gehalten?
   - Wann wird die Rede gehalten?
   - Wo wird die Rede gehalten?
2. Den **Aufbau und Inhalt** einer Rede kannst du dir erschließen, indem du diese in **Sinnabschnitte gliederst** und für die einzelnen Redeabschnitte **Überschriften**, die den Inhalt des jeweiligen Abschnitts zusammenfassen, findest.

Am 11. Februar 2014 hielt die Bildungsministerin von Nordrhein-Westfalen, Sylvia Löhrmann, im Landtag folgende Rede bei der Auszeichnung des Fußballbundesligisten Borussia Mönchengladbach durch die „Israelstiftung in Deutschland“ mit dem Zukunftspreis 2014.

Sehr geehrte Frau Landtagspräsidentin, […], liebe […] Mitglieder des Landtags […], liebe Fußball- und Borussia Mönchengladbach-Fans, sehr geehrter Präsident Königs, meine sehr geehrten Damen und Herren,

überall auf der Welt wird Fußball gespielt. Ob mit einem Ball, einem Stein, einem Stoffknäuel oder einer Blechdose, – irgendein möglichst runder Gegenstand – genügt, und schon kann man spielen. Auf dem Rasen, der Straße, am Berghang, auf dem Schiff, im Zimmer, im Wald, am Strand. Fußball kennt eigentlich keine Grenzen. Weder örtlich noch menschlich. Fußball verbindet eigentlich Menschen. Über Grenzen und viele kulturelle und religiöse Unterschiede hinweg. Eigentlich?

Ja, meine Damen und Herren, eigentlich. Eigentlich ist Fußball völkerverbindend. – Wenn er nicht in den Dienst einer rassistischen und menschenverachtenden Ideologie[1] gestellt wird. Statt Menschen zusammenzubringen, wurde Fußball zur Zeit der nationalsozialistischen Schreckensherrschaft[2] zur Ab- und Ausgrenzung, Verfolgung und Diskriminierung ganzer Gruppen der Bevölkerung instrumentalisiert. Bereits 1933 veranlassten Nationalsozialisten, dass jüdische Sportler, Trainer und Funktionäre aus den Vereinen ausgeschlossen wurden. […]

„Die Erinnerung ist wie Wasser“, sagte Noach Flug, Präsident des internationalen Auschwitzkomitees und Präsident des Centre of Holocaust[3] in einer seiner letzten Reden. Und ergänzte, – ich zitiere weiter: „Sie ist lebensnotwendig und sie sucht sich ihre eigenen Wege in neue Räume und zu anderen Menschen.“ Auch der Fußball erinnert. An den Terror und das unbeschreibliche Leid aller Verfolgten, Ermordeten und Überlebenden. Umso bedeutender ist es,

[1] Weltanschauung
[2] Zeit zwischen 1933–1945 in Deutschland, in der die Nationalsozialisten in Deutschland unter Adolf Hitler herrschten.

dass wir heute hier gemeinsam beieinander stehen. Dass heute Borussia Mönchengladbach, ein deutscher Bundesligist, mit dem Zukunftspreis von der Israelstiftung ausgezeichnet wird. Dass wir so im Erinnern und Gedenken in eine gemeinsame Zukunft schauen. In eine Zukunft der Freundschaft, des Friedens und der Völkerverständigung. Das ist Erinnern für die Zukunft. Vor zwei Wochen war ich mit Jugendlichen mit der Stiftung „Erinnern ermöglichen“ in Auschwitz. Mich hat tief bewegt, wie unmittelbar die Jugendlichen im Angesicht des Grauens ihre Verantwortung für die Zukunft annehmen.

Meine Damen und Herren,
in Nordrhein-Westfalen wird Fußball gelebt. Er gehört zum Lebensalltag und zum Lebensgefühl vieler Menschen. Borussia Mönchengladbach ist ein wunderbares Beispiel dafür, was für eine gute und tragende Brücke dieses Lebensgefühl sein kann. Ihr Grundstein wurde bereits gelegt, als die Diplomatie auf politischer Ebene noch in den Kinderschuhen steckte. Trotz des 6:0 im Bloomfield-Stadion[4] wurde die Borussia bereits unter der Leitung des unvergessenen Hennes Weisweiler[5] in Israel zu herzlich empfangenen Fußballstars. Seit diesem Freundschaftsspiel besteht zwischen Borussia Mönchengladbach und Israel eine enge Freundschaft. Eine Freundschaft, die, mit Johannes Rau[6] gesprochen, „Zuschauer zu Fans“ machte und macht. Fußball hat Menschen in Israel und Nordrhein-Westfalen wieder neu verbunden. Und hieraus sind Zuversicht, gegenseitiges Vertrauen und Freundschaften entstanden.

Berti Vogts (links) und Mordechai Spiegler (Nationalmannschaft Israel) beim Wimpeltausch zum Freundschaftsspiel 1970

Unsere heutige Freundschaft lebt durch das vielfältige zivilgesellschaftliche Engagement auf allen Ebenen, in den Städtepartnerschaften, in Kunst und Kultur, im Bereich der Jugendbegegnungen, der Schulpartnerschaften und eben auch im Bereich des Sports. An diese besondere Bedeutung der völkerverbindenden Kraft denken wir auch, wenn wir im kommenden Jahr das 50-jährige Jubiläum der offiziellen diplomatischen Beziehung zwischen unseren beiden Ländern feiern.

Meine Damen und Herren,
wir erinnern. Für die Zukunft. Heute hier, aber auch jeden Tag. Im Großen und wie im Kleinen. Auf Regierungsebene und im alltäglichen, achtsamen Umgang miteinander. Wir erinnern für die Zukunft, – das ist auch der Kern des Zukunftspreises. Ein Preis für die Zukunft unserer lebendigen Freundschaft zu Israel. So wie es die Borussia schon seit über 30 Jahren vorlebt. Herzlichen Glückwunsch, Borussia Mönchengladbach zur verdienten Auszeichnung mit dem „Zukunftspreis“ des Jahres 2014 der „Israelstiftung in Deutschland“! Und vielen Dank für Ihre völkerverbindende Solidarität!

Shalom.[7]

---

[3] Das Auschwitzkomitee sowie die Gedenkstätte „Centre of Holocaust“ in Israel haben sich zur Aufgabe gemacht, an die Verfolgung und Ermordung der Juden durch die Nationalsozialisten zu erinnern.

[4] Der israelische Nationaltrainer Emanuel Schaffer lud Borussia Mönchengladbach als erste deutsche Mannschaft im Februar 1970 zu einem Freundschaftsspiel nach Israel ein. Im Bloomfield-Stadion in Tel Aviv gewann die Borussia mit 6:0 gegen die israelische Nationalmannschaft.

[5] Von 1964–1975 Fußballtrainer bei Borussia Mönchengladbach

[6] Von 1999–2004 achter Bundespräsident Deutschlands

[7] Hebräischer Friedensgruß, mit dem man sich u. a. Gesundheit, Wohlstand und Frieden wünscht.

1. Untersuche die Redesituation, indem du folgende Fragen beantwortest.

a) Wer hält die Rede?

b) An wen ist die Rede gerichtet?

c) Zu welchem Anlass wird die Rede gehalten?

d) Wann wird die Rede gehalten?

e) Wo wird die Rede gehalten?

2. Ergänzt die folgende Gliederung der Rede mit passenden Überschriften zu den einzelnen Abschnitten.

Textabschnitt	zusammenfassende Überschrift
Z. 1–Z. 5	Begrüßung der Vertreter des Landtags und des Sports sowie weiterer Zuhörer
Z. 6–Z. 14	Fußball als Völker verbindende Sportart, die überall auf der Welt mit einfachsten Mitteln gespielt wird
Z. 15–Z. 20	

Z. 21 – Z. 32	
Z. 33 – Z. 43	
Z. 44 – Z. 49	
Z. 50 – Z. 58	

3. Beantworte folgende Fragen zu der Rede Sylvia Löhrmanns und gib passende Textverweise dazu an. Markiere die entsprechenden Textstellen in der Rede.

a) Welche Eigenschaften spricht Sylvia Löhrmann dem Fußball zu?

____

______________________________________ (vgl. Z. ____)

b) Wozu wurde der Fußball in der Zeit des Nationalsozialismus missbraucht?

____

______________________________________ (vgl. Z. ____)

c) Welchen Preis erhält der Bundesligist Borussia Mönchengladbach?

____

______________________________________ (vgl. Z. ____)

d) Was passierte nach dem Freundschaftsspiel von Borussia Mönchengladbach und der israelischen Nationalmannschaft 1970?

____

______________________________________ (vgl. Z. ____)

e) Was zeichnet die Freundschaft zwischen Nordrhein-Westfalen und Israel heute aus?

____

____

______________________________________ (vgl. Z. ____)

Aufzählung, Metapher, Vergleich … – die sprachliche Gestaltung einer Rede untersuchen

Das musst du wissen

Um **zentrale Aussagen und Redeabsichten zu verdeutlichen** und **die Zuhörer für sich zu gewinnen**, nutzen Redner gezielt **sprachliche Mittel**. Bei der Untersuchung der sprachlichen Gestaltung musst du nicht nur solche sprachliche Mittel benennen, sondern auch ihre Wirkung in Bezug auf den Inhalt erklären.
In der folgenden Tabelle findest du häufig in Reden verwendete sprachliche Mittel.

Sprachliches Bild	Erklärung	Beispiel
Akkumulation	Aufzählung mehrerer Wörter oder Satzteile zu einem Sachverhalt	Sonne, Mond und Sterne
Alliteration	Mehrere Wörter beginnen mit dem gleichen Laut. Die Wörter müssen nicht direkt aufeinander folgen, stehen jedoch in einem engen Zusammenhang im Text.	Mit Kind und Kegel
Euphemismus	Beschönigung: das Negative eines Sachverhalts wird durch positive Bezeichnungen verhüllt.	„nuklearer Ernstfall“ anstelle von „Atomkrieg“/ „entschlafen“ statt „sterben“
Klimax	Eine Reihe von Ausdrücken wird inhaltlich steigernd angeordnet.	„Er kam, sah und siegte“
Metapher	Ein Wort wird aus dem üblichen Sprachgebrauch gelöst und so in einen anderen Zusammenhang eingeordnet, dass es eine neue Bedeutung erhält.	Er steht in der Blüte seines Lebens.
Personifikation	Allgemeinen Begriffen, Gegenständen, Tieren oder Pflanzen werden Eigenschaften und Verhaltensweisen zugeordnet, die nur Menschen zukommen.	Die Sonne lacht.
Rhetorische Frage	Es handelt sich um eine Frage, auf die keine Antwort erwartet wird.	Ist das Wetter heute nicht schön?
Symbol	Ein konkreter Gegenstand wird als Träger eines allgemeinen Sinnzusammenhanges gesetzt.	Die Farbe Weiß als Symbol der Unschuld. Die Taube als Symbol des Friedens.
Vergleich	Durch die Wörter „wie“, „wo“, „als“, „ob“ u. Ä. wird eine Beziehung zwischen zwei Bereichen hergestellt, zwischen denen es Gemeinsamkeiten gibt.	Sie schlief wie ein Murmeltier.

1. Ergänze in der Tabelle die Bezeichnung der sprachlichen Mittel und deren Deutung bzw. Erklärung. Arbeite dabei mit der Übersicht auf S. 42.

	Sprachliches Mittel	Erklärung/Deutung (Warum wurde das sprachliche Mittel verwendet?)
„Ob mit einem Ball, einem Stein, einem Stoffknäuel oder einer Blechdose [...]." (Z. 6–8)	Aufzählung	Stellt die verschiedenen vielfältigen Möglichkeit dar, wie leicht und einfach Fußball gespielt werden kann
„Auf dem Rasen, der Straße, am Berghang, auf dem Schiff, im Zimmer, im Wald, am Strand." (Z. 10–12)		
„Eigentlich?" (Z. 14)		
„‚Die Erinnerung ist wie Wasser' [...]." (Z. 21)		
„[...] in Nordrhein-Westfalen wird Fußball gelebt." (Z. 34)		
„Im Großen und wie im Kleinen." (Z. 51–52)		
„[...] wir erinnern. Für die Zukunft." (Z. 50–51)		

Die vorliegende Rede … – eine Redeanalyse verfassen

Das musst du wissen

Der Aufbau einer Redeanalyse

Einleitung

Beschreibung der Redesituation und des Themas:
- Beantwortung der W-Fragen zur Redesituation. Siehe dazu auch die Lernbox auf S. 38.
- Kurze Erläuterung des Themas der Rede

Hauptteil

Der inhaltliche Aufbau der Rede:
- Wie ist die Rede gegliedert?
- Welche Redeabschnitte kann man feststellen?

Beschreibung und Deutung der Redeabschnitte:
- Worum geht es inhaltlich?
- Welche Funktion haben die einzelnen Redeabschnitte im Zusammenhang der gesamten Rede?
- Mit welchen sprachlichen Mitteln werden wichtige Aussagen verdeutlicht?

Schluss

Zusammenfassung der Redeabsichten und Beurteilung:
- Wie lassen sich die wichtigsten Aussagen und Absichten zusammenfassen?
- Wie beurteilst du die Rede?

1. Untersuche die folgende Einleitung zu einer Redeanalyse zur Rede von Sylvia Löhrmann. Unterstreiche die inhaltlichen Fehler.

Die vorliegende Rede der Bundesministerin Sylvia Löhrmann wurde am 11. Januar 2014 anlässlich der Auszeichnung des Fußballbundesligisten Borussia Mönchengladbach durch die „Stiftung Deutschland" gehalten. Die Rede richtet sich ausschließlich an die Fußballfans von Borussia Mönchengladbach, die diesen Preis erhalten.

2. Verbessere die vorliegende Einleitung zu einer Redeanalyse zur Rede von Sylvia Löhrmann.

____

____

____

____

____

3. Verfasse nun in deinem Heft den Hauptteil der Redeanalyse. Berücksichtige dabei die Ergebnisse aus den vorangegangenen Aufgaben. Gehe dabei so vor:

- Beschreibe, wie die Rede gegliedert ist und welche Redeabschnitte man feststellen kann.
- Gehe näher auf die Redeabschnitte ein. Lege dar, worum es in den einzelnen Abschnitten inhaltlich geht. Versuche auch zu erklären, mit welchen sprachlichen Mitteln zentrale Aussagen verdeutlicht werden.

4. Verfasse einen Schlussteil zu deiner Redeanalyse. Fasse dazu die wichtigsten Aussagen und Absichten von Frau Löhrmann zusammen. Nimm am Ende kurz Stellung dazu, ob die Rede deiner Meinung nach gelungen ist.

Das hilft immer! – mit dem Wörterbuch arbeiten

Das musst du wissen

Der wichtigste Tipp zur Vermeidung von Rechtschreibfehlern lautet:

- Schlag in einem Wörterbuch nach, wenn du unsicher bist!

1. Kläre mithilfe des Wörterbuchauszuges die richtige Schreibweise. Streiche die falsch geschriebenen Wörter durch.

- Figur/Fiegur/Figuhr
- filieren/filiren/fielieren
- Filialleiter/Fillialeiter/Fillialleiter
- filiegran/filigrahn/filigran
- Figuration/Fieguration/Fighuration
- figten/feighten/fighten

FIFA, Fi|fa, die; - = Fédération Internationale de Football Association ‹franz.› (Internationaler Fußballverband)
fif|ty-fif|ty [...ti...ti] ‹engl.› (*ugs. für* halbpart); **Fif|ty-fif|ty-Jo|ker** (Halbierung der Antwortmöglichkeiten beim Fernsehquiz »Wer wird Millionär?«)
Fi|ga|ro, der; -s, -s (Lustspiel- u. Opernfigur; *auch* scherzh. für Friseur)
Fight [fait], der; -s, -s ‹engl.› (Kampf)
figh|ten (verbissen kämpfen)
Figh|ter, der; -s, - (Kämpfer); **Figh|te|rin**
Figl, der; -s, - (*österr. kurz für* Firngleiter)
Fi|gur, die; -, -en ‹lat.›
Fi|gu|ra; wie Figura zeigt (wie klar vor Augen liegt)
fi|gu|ral (mit Figuren versehen)
Fi|gu|ral|mu|sik (in der Kirchenmusik des Mittelalters)
Fi|gu|ra|ti|on, die; -, -en, Fi|gu|rie|rung (*Musik* Ausschmückung einer Figur od. Melodie)
fi|gu|ra|tiv (bildlich [darstellend])
fi|gur|be|to|nend; fi|gur|be|tont
Fi|gür|chen
Fi|gu|ren|the|a|ter
fi|gu|rie|ren (in Erscheinung treten; *Musik* eine Figur od. Melodie) (Besitzer mehrerer Filialen; Filialleiter); **Fi|li|a|lis|tin**
Fi|li|al|kir|che (Tochterkirche)
Fi|li|al|lei|ter, der; **Fi|li|al|lei|te|rin; Fi|li|al|netz**
Fi|li|a|ti|on, die; -, -en (rechtliche Abstammung; Gliederung des Staatshaushaltsplanes)
¹Fi|li|bus|ter *vgl.* Flibustier
²Fi|li|bus|ter [...'bastɐ], der; -[s], - ‹amerik.› (endloses Reden im amerik. Senat, um eine Beschlussfassung zu verhindern)
fi|lie|ren ‹franz.› (Netzwerk knüpfen; *auch für* filetieren); **fi|liert** (netzartig)
fi|li|g|ran (sehr feingliedrig)
Fi|li|g|ran, das; -s, -e ‹ital.› (Goldschmiedearbeit aus feinem Drahtgeflecht)
Fi|li|g|ran|ar|beit; Fi|li|g|ran|glas; Fi|li|g|ran|schmuck
Fi|li|pi|na, die; -, -s ‹span.› (*weibl. Form zu* Filipino; *vgl.* Philippinerin); **Fi|li|pi|no,** der; -s, -s (Bewohner der Philippinen; *vgl.* Philippiner)
Fi|li|us, der; -, ...usse ‹lat.› (*scherzh. für* Sohn)
Fil|lér [...lɐ, *auch* ...le:ɐ̯], der; -[s], - (bis 1999 Untereinheit des Forint)
Film, der; -[e]s, -e ‹engl.›
Film|riss (Reißen eines Films; *ugs. für* plötzlicher Verlust des Erinnerungsvermögens)
Film|rol|le
Film|schau|spie|ler; Film|schau|spie|le|rin
Film|stadt; Film|star *Plur.* ...stars; **Film|stu|dio; Film|sze|ne**
Film|ta|b|let|te (von einer filmartigen Schicht überzogene Tablette)
Film|team; Film|ver|leih
Film|vor|füh|rer; Film|vor|füh|re|rin
Film|wirt|schaft
Fi|lou [...'lu:], der; -s, -s ‹franz.› (*scherzh. für* Betrüger, Spitzbube; Schlaukopf)
Fils, der; -, - ‹arab.› (Untereinheit des Dinar in Bahrain, Irak, Jordanien u. Kuwait; 1 000 Fils = 1 Dinar)
Fil|ter, der, *Technik meist* das; -s, - ‹mlat.›; **fil|ter|fein;** filterfein gemahlener Kaffee
fil|tern; ich filtere
Fil|ter|pa|pier, Fil|t|rier|pa|pier; **Fil|ter|staub; Fil|ter|tü|te®**
Fil|te|rung
Fil|ter|zi|ga|ret|te
Fil|t|rat, das; -[e]s, -e (durch Filtration geklärte Flüssigkeit); **Fil|t|ra|ti|on,** die; -, -en (Filterung); **fil|t|rie|ren; Fil|t|rier|pa|pier,** Fil|ter|pa|pier

2. Wie trennt man richtig? Streiche die falsche Version durch.

- Film/vor/führ/er/in *oder* Film/vor/füh/re/rin
- fil/i/gran *oder* fi/li/g/ran
- Fi/ga/ro *oder* Fig/aro
- Filt/er/ung *oder* Fil/te/rung
- fi/gur/a/tiv *oder* fi/gu/ra/tiv
- fig/u/ral *oder* fi/gu/ral
- Film/tab/let/te *oder* Film/ta/b/let/te
- fig/hten *oder* figh/ten

3. Bei manchen Wörtern erlaubt es das Regelwerk, sie auf unterschiedliche Weise zu trennen. Die senkrechten Trennungsstriche zeigen die unterschiedlichen Möglichkeiten an. Schreibe beide Trennmöglichkeiten für das Verb „filtrieren“ auf.

- ______________________ • ______________________

4. Um ein Wort möglichst schnell finden zu können, solltet ihr Wörter gut alphabetisch sortieren können. Bringt die folgenden Wörter in die alphabetische Reihenfolge:

- Löwe, Katze, Hund, Affe, Bär, Zebra, Nilpferd, Meerschweinchen, Chamäleon
- Filmkamera, Fenster, Frühling, Foto, Filter, Filz, frech, falsch, Fabel
- Selbstbewusstsein, Alltag, heilsam, Muskel, Tiere, Förderung, Neues, aufregend, akzeptieren, Muskelspannung, Freude, stolz, ähnlich, herausfinden, Chance, Situation
- Rankengewächs, ramponieren, Rage, Rakete, Randgruppe, Ralley, Ramadan, Randbemerkung, rammdösig, Rahmkäse, Rangelei, Ränder

Einige Wörterbücher bieten auch Regelkästen an, um Hilfen für schwierige Rechtschreibfälle zu geben.

> **klarsehen – klar sehen:** Eine Verbindung von *klar* mit einem Verb wird zusammengeschrieben, wenn die Gesamtbedeutung nicht aus den Bedeutungen ihrer Einzelbestandteile ersichtlich ist, sondern eine neue Bedeutung vorliegt (Idiomatisierung): *In dieser Angelegenheit werden wir spätestens morgen klarsehen* (= Klarheit haben). § 34 (2.2) Ebenso: *klarkommen* (= keine Probleme mit etwas/jmdm. haben), *klarlegen* (= deutlich machen, erklären), *klarstellen* (= Missverständnisse beseitigen).

> In konkreter Bedeutung wird hingegen getrennt geschrieben: *etwas/jmdn. klar* (= deutlich) *sehen können.* § 34 (2.3) Ebenso: *deutlich reden, leise sprechen, gut hören.*

5. Entscheide die richtige Schreibweise. Streiche das falsch geschriebene Wort durch.

- Der Politiker wollte die Angelegenheit vor der Kamera klar stellen/klarstellen.
- Der Nebel will sich heute nicht verziehen, es will nicht klar werden/klarwerden.
- Ich muss mir darüber klar werden/klarwerden.
- Ich muss mit den Hausaufgaben klar kommen/klarkommen.

Groß oder klein? – Nominalisierungen/ Substantivierungen

Das musst du wissen

- **Nomen/Substantive** werden immer **großgeschrieben**. Alle **anderen Wortarten** werden **kleingeschrieben**. Am Satzanfang werden aber alle Wörter großgeschrieben.
- Wenn **andere Wortarten,** z. B. Verben oder Adjektive, im Satz **als Nomen/Substantive** gebraucht werden, werden sie auch **großgeschrieben**. Solche Ausdrücke bezeichnet man als Nominalisierungen/Substantivierungen.
  Beispiel: ***Das Schwimmen*** *machte ihm schon als Kind Spaß.*

1. Unterstreicht in dem folgenden Text alle Nominalisierungen/Substantivierungen.

Die Olympischen Spiele in der Antike

Ein Sieg bei den Olympischen Spielen war in der Antike für die Sportler etwas ganz Lebensentscheidendes. Ein Antreten bei den Spielen bedeutete für die Athleten göttlichen Ruhm oder bittere Schande. Die Athleten trainierten schon damals für das Erringen eines Sieges bei der Olympiade mit höchstem Einsatz und allen Mitteln. So war das Teilnehmen an den Spielen schon im vierten Jahrhundert vor Christus nur noch für Profisportler möglich. Nicht unbekannt war auch das Foulen und Tricksen bei den Wettkämpfen, z. B. das Beißen bei Faustkämpfen. Es gab deshalb schon in der Antike Schiedsrichter, die auf das Einhalten der Regeln achteten. Wer beim Nichteinhalten der Regeln erwischt wurde, musste hohe Bußgelder zahlen.

2. Setze in die Klammern den richtigen Buchstaben ein. Markiere anschließend alle Nominalisierungen/Substantivierungen farbig.

Dick Fosbury mit einem Foto seines Goldsprunges

Der Mann, der das R/r(   )ückwärtsspringen erfand

Aufgrund der nach ihm B/b(   )enannten S/s(   )prungart „Fosbury-Flop“ wurde Dick Fosbury B/b(   )erühmt. Das E/e(   )rstaunen war G/g(   )roß, als er 1968 ankündigte, das H/h(   )ochspringen Z/z(   )ukünftig rückwärts auszuführen. Zuerst reagierte die F/f(   )achwelt mit H/h(   )ohn und S/s(   )pott. Sein Trainer riet ihm angesichts des N/n(   )euen S/s(   )pringstils sogar, zu einem A/a(   )uftreten im Zirkus damit. Das S/s(   )taunen der Konkurrenz war dann groß, als Dick Fosbury mit seinem R/r(   )ückwärtsspringen die Goldmedaille gewann. Heute ist es etwas S/s(   )elbstverständliches, dass J/j(   )eder Hochspringer mit dem „Fosbury-Flop“ rückwärts springt.

3. In dem folgenden Text geht es um Matthias Steiner, Goldmedaillengewinner im Gewichtheben bei der Olympiade in Peking im Jahre 2008. Trage jeweils die richtige Schreibweise der hervorgehobenen Wörter ein.

Ein tanzender Riese

Matthias Steiner bei der Olympiade 2008 in Peking

Nur einmal musste das GERAHMTE ______________ Foto seiner Frau das Wohnzimmer von Matthias Steiner verlassen. Beim HEBEN ______________ der SCHWERSTEN ______________ Gewichte in der Arena von Peking war es dabei. Vor 6 000 Zuschauern hielt Matthias Steiner es viele MALE ______________ hoch. Alle sahen mit STAUNEN ______________ das Bild seiner Frau, die bei einem Autounfall ums Leben gekommen ist. Ihr DABEISEIN ______________ bei der ENTGEGENNAHME ______________ der Goldmedaille war für Steiner ein Herzenswunsch.

Die Pekinger Zuschauer hielten nach der ANSPANNUNG ______________ des Kampfes den Atem von NEUEM ______________ an. Dann erhob sich ein KLATSCHEN ______________, JOHLEN ______________ und FAHNENSCHWINGEN ______________. Beim ABSPIELEN ______________ der Hymne hatten VIELE ______________ Tränen in den Augen.

Erst im LETZTEN ______________ Versuch des Wettkampfes hatte Matthias Steiner die ENTSCHEIDUNG ______________ zu seinen Gunsten errungen. Im FOLGENDEN ______________ sahen die Zuschauer nur noch einen tanzenden Riesen im FREUDENTAUMEL ______________. Matthias Steiner hatte UNGLAUBLICHES ______________ vollbracht. Im REIßEN ______________ und STOßEN ______________ hatte er seinen bisherigen Rekord um zehn Kilo ÜBERTROFFEN ______________.

Konjunktion, Artikel oder Pronomen? – „dass“ und „das“

Das musst du wissen

Setze dein grammatisches Wissen ein, um die Wörter „dass“ und „das“ richtig zu schreiben:

- Nur die **Konjunktion „dass“** schreibst du mit „ss“. Diese leitet immer einen Neben-/Gliedsatz ein (*Ich glaube, dass der Regen bald aufhört*).
- Du schreibst **„das“**, wenn das Wort
  - ein **bestimmter Artikel** (*Das Haus* ...),
  - ein **Demonstrativpronomen** (*Das gefällt mir nicht*),
  - ein **Relativpronomen** (*Das Buch, das ich gerade lese, ist spannend*) ist.

1. Entscheide, ob „das“ oder „dass“ geschrieben werden muss. Ergänze dazu jeweils die Buchstaben „s“ oder „ss“.

Neuer Party-Trend (Pressemeldung)

„Keine Erwachsenen!“ Die Jugendlichen meinen da ernst. Selbst wer gerade einmal 19 ist, kommt nicht mehr rein, wenn die jüngste Musik- und Partyszene des britischen Königreichs feiert. Erst waren es ein paar Dutzend, dann ein paar Hundert. Schließlich strömten in da Seebad Brighton mehr als 5 000 Mädchen und Jungen, um an einer Mammutparty für Unter-18-Jährige teilzunehmen. Nun wird in London gar da „weltweit erste Underage-Festival“ vorbereitet.

Die „Superjungen“, wie die Gruppe von 14 bis 18 Jahren nun genannt wird, liegen voll im Trend. Mit ihrem übersprudelnden Optimismus und ihrer ungebremsten Energie sind sie Hoffnungsträger – für Väter und Mütter ebenso wie für die Musikindustrie. „Eltern lassen ihre Jüngsten lieber zu Underage-Partys gehen als zu solchen, wo sie von 25-Jährigen angemacht werden“, sagt Blaise Beville, professioneller Party-Veranstalter und mit 22 ganz schön „overage“. „Sie wissen, da Sicherheit bei uns Vorrang hat, besonders bei Alkohol und Drogen.“ Bierbrauer und Schnapshersteller haben da Nachsehen. An den Bars der Underage-Partys gibt es Tonic nur ohne Gin, Orangensaft ohne Wodka und Cola ohne Rum. Dennoch: Underage ist keine Kindergarten-Disco für eine gefrustete Du-darfst-noch-nicht-Generation. Ihren Spaß nehmen die Underagers verdammt ernst. Ganz ohne flüssige oder rauchförmige Stimmungsmacher tanzen sie oft ekstatisch und steigern sich in die Musik hinein. „Wichtiger als da , was einer schlucken kann, ist für uns da , was einer anhat“, sagt die 14-jährige Emily bei einer Jungszene-Nacht im Londoner Coronet Theatre. „Da

Outfit ist für uns eine persönliche Ausdrucksform.“ Sie hat sich für einen rosa Unterrock als Kleid über blauen Strumpfhosen entschieden und für – wie ihre Mutter vermutlich denken würde – viel zu viel Lidschatten und Wimperntusche. „Auch bei der Musik haben die Superjungen völlig eigene Vorstellungen“, sagt Alex McCann vom Partyveranstalter Ultimate in Manchester. Ihre beliebtesten Bands haben Namen, die man bislang vergeblich in den Regalen der Plattenläden sucht. Irgendwann fingen die Jugendlichen an, sich nicht mehr für die Bands der „Großen“ zu interessieren, und der Grund leuchtet ein: „Wir durften nie ohne Ältere zu den Konzerten dieser Bands, weil es da Alkohol gab. Da___ ging soweit, da___ wir die Lust daran verloren haben“, sagt Sam Killcoyne. Der 15-Jährige ist da___ Organisationstalent der Szene, da___ auch da___ diesjährige Underage-Festival in Londons Victoria Park vorbereitet.

(Nach einer dpa-Meldung vom 14.7.2007)

2. Unterstreicht in dem Text die Wörter „das“ und „dass“ je nach Wortart: Artikel blau, Demonstrativpronomen grün, Relativpronomen rot und Konjunktionen schwarz.

3. Verbinde die folgenden Sätze so, dass entweder Relativ- oder Neben-/Gliedsätze entstehen.

• Wir fanden das Gästehaus recht schnell.	• Die Preisrichter notierten das Ergebnis.
• Das Schaf war schwarz.	• Er wurde der beste Torschütze des Turniers.
• Es regnete stundenlang.	• Das hatten wir nicht erwartet.
• Sie brach das Training ab.	• Ich konnte es ganz genau sehen.
• Holger schoss viele Tore.	• Sie war noch zu erschöpft für das Training.
• Das Ergebnis war wider Erwarten gut.	• Sie wurde bereits „Wasserratte“ genannt.
• Sein Gesicht lief rot an.	• Das Gästehaus lag an einem See.
• Melanie ging jeden Tag schwimmen.	• Der Schäfer trieb es auf die Weide.

Wir fanden das Gästehaus, das an einem See lag, recht schnell.

Nomen oder Adverb? – „Mal" und „-mal" richtig schreiben

Das musst du wissen

Um *Mal* und *-mal* richtig zu schreiben, kannst du dein grammatisches Wissen einsetzen:

- Das Wort ***Mal*** ist ein **Nomen/Substantiv** und wird deshalb immer **großgeschrieben** (*dieses Mal, ein einziges Mal, das erste Mal*).
- **Wörter mit** den Wortbausteinen **-mal** und **-mals** sind **Adverbien** (= Umstandswörter). Sie geben z. B. an, wann oder wie oft etwas geschieht. Diese Wörter schreibst du **klein** (*einmal, diesmal, keinmal, vielmals*).

1. Schreibe die Ausdrücke in Großbuchstaben in der richtigen Form auf.

- DIESESEINEMAL ______________________ will Tim seinem Banknachbarn noch aushelfen, dieser will ihm nämlich NIEMALS ______________________ helfen.
- Schon MEHREREMALE ______________________ hat Kai heute versucht, Hanna über Handy zu erreichen, EINMAL ______________________ will er es noch probieren.
- Er begegnete ihr MEHRMALS ______________________, aber KEINEINZIGESMAL ______________________ ist sie stehen geblieben.
- Sven will DIESMAL ______________________ unbedingt mitspielen, denn das soll DASLETZTEMAL ______________________ sein.

2. Setze auch bei den folgenden Sätzen die richtige Schreibweise der Ausdrücke, die in Großbuchstaben stehen, ein.

- Die Mannschaft wird EINANDERESMAL ______________________ sicher gewinnen.
- Ich hatte sie EINUMSANDEREMAL ______________________ gewarnt.
- Ruf mich doch das NÄCHSTEMAL ______________________ bitte einfach MAL ______________ zurück.
- Diese Saison fehlte unserer Mannschaft EINPAARMAL ______________________ einfach das notwendige Glück.
- Im Halbfinale sah es OFTMALS ______________________ nicht gut für unsere Spieler aus.

Alliteration, Ellipse, Metapher … – Fachbegriffe richtig schreiben

Das musst du wissen

Du hast in den letzten Schuljahren viele Fachbegriffe zur Beschreibung und Deutung von Texten gelernt. Die Bedeutung und die Schreibweise dieser Fachbegriffe musst du dir einprägen. Dazu kannst du

- dir mehrere Fachwörter einprägen und sie aus dem **Gedächtnis aufschreiben**.
- die Fachwörter in **alphabetischer Reihe** aufschreiben.
- die Fachbegriffe in **Silben zerlegen** und aufschreiben (*Per-so-ni-fi-ka-tion*).
- die **Umrisse** der Fachwörter zeichnen und sie einsetzen (Personifikation).
- die **Schreibweise und die Bedeutung** der Fachwörter mithilfe von **Karteikarten lernen**, indem du auf die eine Seite der Karteikarte das jeweilige Fachwort und auf der anderen Seite seine Bedeutung mit einem Beispiel schreibst.
- ein **Lernmemory** anfertigen, indem du die Fachwörter und ihre Bedeutungen jeweils auf einzelne Karteikarten schreibst.
- dir von einem **Lernpartner** das **Fachwort nennen lassen**. Du erklärst dann die Bedeutung des Fachwortes und gibst ein Beispiel dafür. Du kannst das Fachwort auch noch buchstabieren.

1. In der folgenden Übersicht findet ihr eine Auswahl wichtiger Fachbegriffe. Es fehlen allerdings noch die Beispiele.

- Schreibt in die Klammer bei den Beispielen auf S. 54 nach dieser Übersicht das entsprechende Fachwort hinein. Bei einigen Ausdrücken könnt ihr mehrere Fachwörter angeben.

Fachbegriff für das sprachliche Mittel	Erklärung
Alliteration	Mehrere Wörter beginnen mit dem gleichen Laut.
Anapher	Mehrere Sätze, Satzteile oder Verse beginnen mit dem gleichen Wort bzw. gleichen Wörtern.
Antithese	Gegenüberstellung von einander widersprechenden Aussagen oder Begriffen
Ellipse	verkürzter bzw. unvollständiger Satz
Euphemismus	Beschönigung wie „entschlafen" für „sterben"
Klimax	steigernde Anordnung einer Reihe von Ausdrücken
Metapher	Übertragung der Bedeutung eines Wortes auf einen anderen Bereich, sodass das Wort eine neue Bedeutung erhält.
Parallelismus	gleicher Satzbau bei mehreren Sätzen oder Satzteilen
Personifikation	Vermenschlichung von Begriffen, Gegenständen oder der Natur
rhetorische Frage	Unechte Frage, auf die keine Antwort erwartet wird.
Symbol	Ein konkreter Gegenstand steht für einen allgemeinen Sinnzusammenhang wie „Herz" für „Liebe".
Vergleich	Herstellung eines Zusammenhanges zwischen zwei Bereichen durch Wörter wie „als ob", „wie" und andere
Wiederholung (= Repetition)	Wiederholung einzelner Wörter, Satzglieder oder Sätze

a) Es ist schon spät, es wird schon kalt. (______________________________)

b) Er kam, sah und siegte. (______________________________)

c) Geh zu den Menschen,/Geh zu den Tieren,/Geh zu den Pflanzen/...

(______________________________)

d) Es war, als hätt' der Himmel/Die Erde still geküsst, (______________________________)

e) Er kämpft wie ein Löwe. (______________________________)

f) Komm Kühle, komm, küsse den Kummer/Süß säuselnd von sinnender Stirn.

(______________________________)

g) Wollen wir mit dem Unterricht beginnen? (______________________________)

h) Taube als ein Bild für den Frieden (______________________________)

i) Kollateralschaden als Bezeichnung für die unbeabsichtigte Tötung von Zivilisten bei einer militärischen Aktion (______________________________)

j) Singet leise, leise, leise,/Singt ein flüstern Wiegenlied (______________________________)

k) Was dieser heute baut, reißt jener morgen ein (______________________________)

l) Ende gut, alles gut. (______________________________)

m) Das Bollwerk der Abwehr des SC Paderborns hielt neunzig Minuten.

(______________________________)

2. Setze jeweils in den Wortumriss das entsprechende Fachwort ein.

- Gegenständen, Tieren oder Pflanzen werden menschliche Verhaltensweisen zugeordnet.

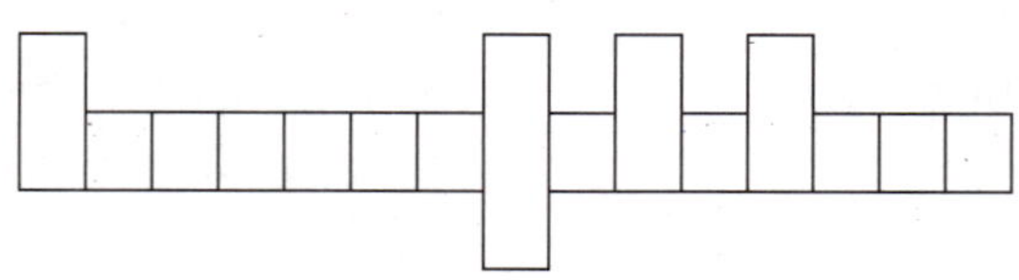

- Mehrere Wörter beginnen mit dem gleichen Laut.

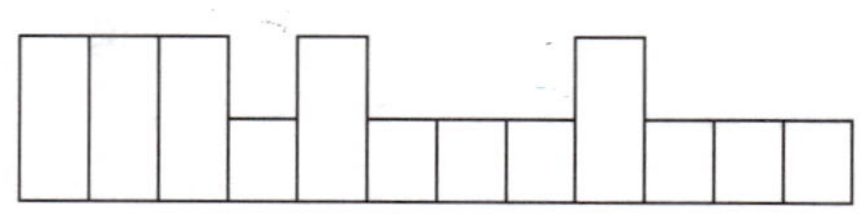

- Verhüllung eines negativen Sachverhalts durch ein beschönigendes Wort

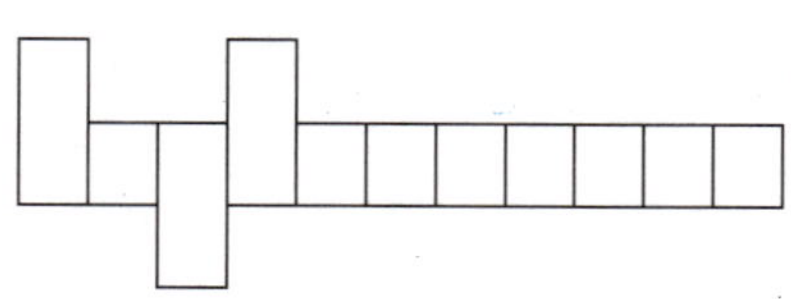

- Frage, auf die keine Antwort erwartet wird 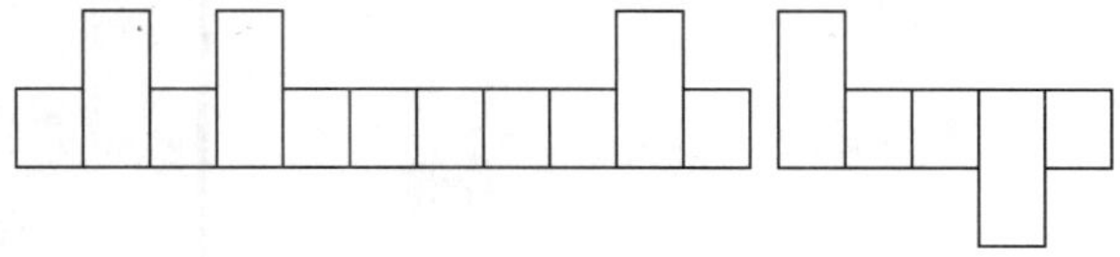
- Gegensätzliche Begriffe oder Aussagen werden einander gegenübergestellt. 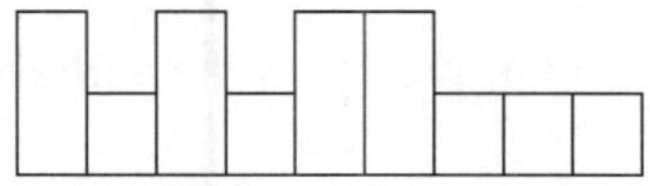
- Gleicher Satzbau bei aufeinanderfolgenden Sätzen oder Satzteilen 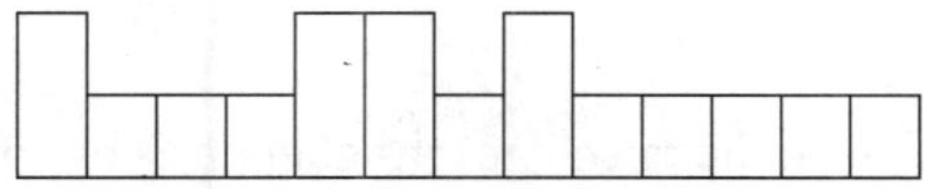
- Grammatisch unvollständiger Satz 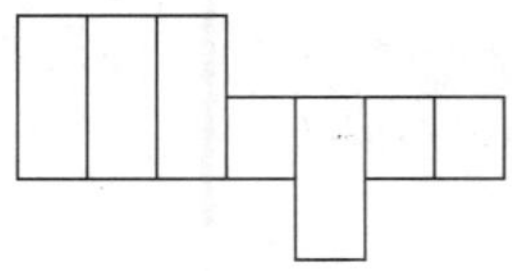
- Mehrere Sätze, Satzteile oder Verse beginnen mit dem gleichen Wort. 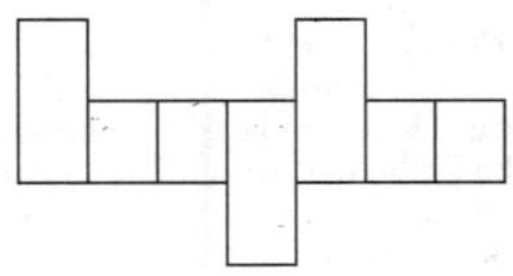
- Übertragung der Bedeutung eines Wortes auf einen anderen Bereich 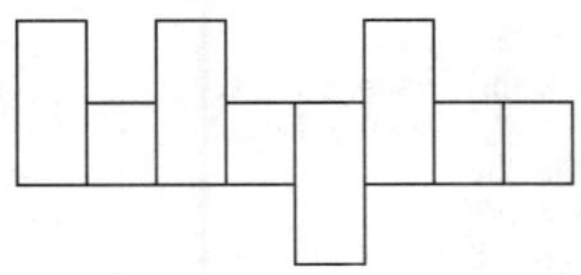
- Eine Reihe von Ausdrücken ist steigernd angeordnet. 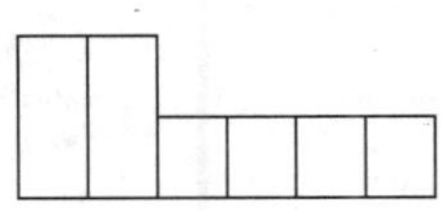
- Ein konkreter Gegenstand wird als Träger eines allgemeinen Sinnzusammenhanges gesetzt. 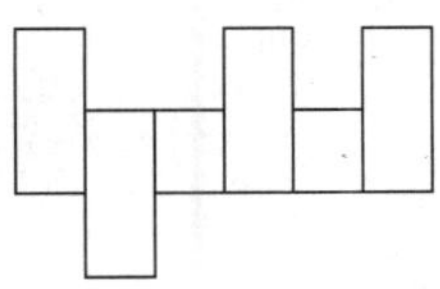
- Deutscher Begriff für Repetition 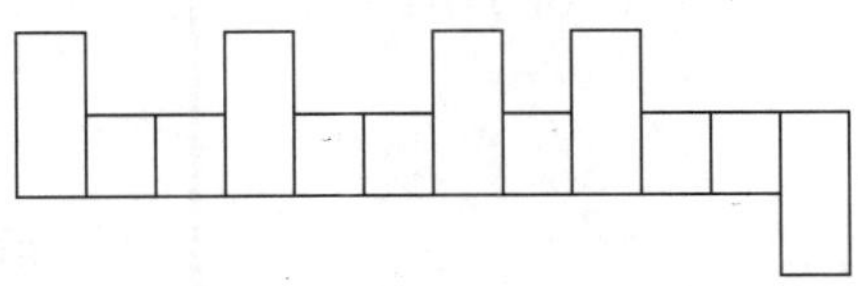
- Herstellung einer Beziehung zwischen zwei Bereichen mithilfe von Vergleichswörtern („wie“, „als ob“) 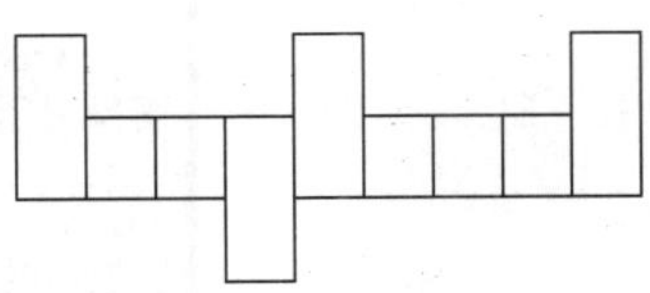

3. Übe die Fachwörter in der Übersicht auf S. 53 solange, bis du ihre Schreibweise und Bedeutung sicher beherrscht. Arbeite dabei so, wie es in der Lernbox auf S. 53 beschrieben wird.

Teste dich selbst! – Richtig zu schreiben kann man lernen

(zu erreichende Punkte / eigene Punkte)

4 / ____

1. Bringe die folgenden Wörter in die alphabetische Reihenfolge:

- Kontrast, kontra, Konturen, Konterbande, konventionell, Konterfußball, Kontrakt, Konter

4 / ____

2. Streiche die falsch geschriebenen Schreibweisen durch und schreibe die Wörter mit ihrer deutschen Bedeutung in dein Heft. Arbeite dabei mit dem Wörterbuchauszug.

- evangelich/evangelisch/ewangelisch
- Ewaluation/Evuluation/Evaluation
- eventuel/eventuell/ewentuell
- Everglädes/Everglades/Evergledes

Eu|ter|pe (Muse der lyr. Poesie u. des lyr. Gesangs)
Eu|tha|na|sie, die; - ⟨griech.⟩ (*Med.* Erleichterung des Sterbens [durch Narkotika]; bewusste Herbeiführung des Todes)
Eu|tin (Stadt im Ostholsteinischen Hügelland)
eu|troph ⟨griech.⟩ (nährstoffreich); eutrophe Pflanzen (an nährstoffreichen Boden gebundene Pflanzen); **Eu|tro|phie,** die; - (*Med.* guter Ernährungszustand); **Eu|tro|phie|rung** (unerwünschte Zunahme von Nährstoffen in Gewässern)
EU-Ver|fas|sung, die; -
EU-weit [e'u:...]
eV = Elektronvolt
ev. = evangelisch
Ev. = Evangelium
e. V. = eingetragener Verein
E. V. = Eingetragener Verein (*vgl.* eingetragen)
Eva [...fa, *auch* ...va] (w. Vorn.)
eva|ku|ie|ren ⟨lat.⟩ ([ein Gebiet von Bewohnern] räumen; [Bewohner aus einem Gebiet] aussiedeln; *Technik* ein Vakuum herstellen); **Eva|ku|ier|te,** der *u.* die; -n, -n; **Eva|ku|ie|rung**
Eva|lu|a|ti|on, die; -, -en ⟨lat.⟩ (Bewertung; Beurteilung)
eva|lu|ie|ren
Evan|ge|li|ar, das; -s, *Plur.* -e *u.* -ien, **Evan|ge|li|a|ri|um,** das; -s, ...ien ⟨mlat.⟩ (Evangelienbuch); **Evan|ge|li|en|buch**
evan|ge|li|kal (die unbedingte Autorität des Evangeliums vertretend); **Evan|ge|li|ka|le,** der *u.* die; -n, -n
Evan|ge|li|sa|ti|on, die; -, -en (Verkündigung des Evangeliums außerhalb des Gottesdienstes)
evan|ge|lisch (das Evangelium betreffend; auf dem Evangelium fußend; protestantisch; *Abk.* ev.); die evangelische Kirche, *aber* ↑K 150 : die Evangelische Kirche in Deutschland (*Abk.* EKD); der Evangelische Bund
evan|ge|lisch-lu|the|risch [*auch* ...'te:...] (*Abk.* ev.-luth.)
evan|ge|lisch-re|for|miert (*Abk.* ev.-ref.)
evan|ge|li|sie|ren ([Außenstehenden] das Evangelium verkünden); **Evan|ge|list,** der; -en, -en (Verfasser eines der vier Evangelien; Titel in evangelischen Freikirchen; Wanderprediger); **Evan|ge|lis|tin**
Evan|ge|li|um, das; -s, *Plur.* (*für* die vier ersten Bücher im N. T.:) ...ien ⟨»gute Botschaft«⟩ (Heilsbotschaft Christi; *Abk.* Ev.)
Eva|po|ra|ti|on, die; -, -en ⟨lat.⟩ (*fachspr. für* Verdunstung)
Eva|po|ra|tor, der; -s, ...oren (Gerät zur Verdunstung); **eva|po|rie|ren** (verdunsten; eindampfen)
Eva|si|on, die; -, -en ⟨lat.⟩ (Massenflucht)
Evas|kos|tüm; Evas|toch|ter
Eve|li|ne, Eve|lyn [...li:n] (w. Vorn.)
Event [iv...], das *od.* der; -s, -s ⟨engl.⟩ (Veranstaltung); **Event-gas|t|ro|no|mie**
Even|tu|al... ⟨lat.⟩ (möglicherweise eintretend, für mögliche Sonderfälle bestimmt)
Even|tu|al|an|trag (*Rechtsspr.* Neben-, Hilfsantrag); **Even|tu|al-fall;** im Eventualfall[e]; **Even|tu-al|haus|halt**
Even|tu|a|li|tät, die; -, -en (Möglichkeit, möglicher Fall); **even-tu|a|li|ter** (*veraltet für* eventuell)
even|tu|ell ⟨franz.⟩ (möglicherweise eintretend; gegebenenfalls; *Abk.* evtl.)
Eve|rest *vgl.* Mount Everest
Ever|glades ['ɛvɐgle:ts] *Plur.* (Sumpfgebiet in Florida)
Ever|glaze® ['ɛvɐgle:s], das; -, - ⟨engl.⟩ (ein [Baumwoll]gewebe)
Ever|green [...gri:n], der, *auch* das;

3. Unterstreiche in den folgenden Sprichwörtern und Sprüchen alle Nominalisierungen/Substantivierungen.

IN EINEM SPRICHWORT HEISST ES: „REDEN IST SILBER UND SCHWEIGEN IST GOLD.“

MANCHE LEUTE SCHWITZEN BEIM ESSEN UND FRIEREN BEIM ARBEITEN.

NICHTS IST SCHWIERIGER ALS DAS DENKEN, ES SEI DENN DAS HANDELN DANACH.

ES GIBT MENSCHEN, DIE IHRE INTELLIGENZ ZUM VEREINFACHEN BENUTZEN, UND ANDERE, DIE SIE ZUM KOMPLIZIEREN VERWENDEN.

WENN MAN ZU OFT DAS GEWOHNTE TUT, WIRD ES ZEIT, SICH DAVON ZU LÖSEN.

11 / ____

WENN MAN DAS VERORDNETE HÖRT, WIRD DAS WIDERSPRECHEN NOTWENDIG.

4. Entscheide Groß- oder Kleinschreibung. Setze den fehlenden Buchstaben ein.

- Das darf im ( )llgemeinen nicht passieren. In seiner Erörterung war Alex zu ( )llgemein geblieben.
- Hoffentlich habt ihr euch ( )ut unterhalten? Sie wünscht ihm zum Geburtstag alles ( )ute.
- Paul ging bei den Diskussionen um die Klassenordnung das ewige ( )enn und ( )ber gehörig auf die Nerven.
- Die Kriminalpolizei tappt bei der Aufklärung dieses Falls noch völlig im ( )unkeln.

7 / ____

5. Ergänze die Wörter „das" oder „dass". Trage in die Klammer ein, um welche Wortart es sich jeweils handelt. Benutze dazu folgende Abkürzungen: **A** = Artikel, **D** = Demonstrativpronomen, **R** = Relativpronomen und **K** = Konjunktion.

____ (   ) machen Jugendliche in ihrer Freizeit

_______ (   ) früher alles besser war, _______ (   ) sagen viele Menschen. Was Jugendliche in ihrer Freizeit treiben, _______ (   ) wurde jetzt mit einer Umfrage erforscht. 68 Prozent der befragten Jugendlichen gaben an, _______ (   ) sie ihre Zeit am liebsten mit Freunden verbringen. _______ (   ) Herumhängen mit Freunden steht also für die meisten an erster Stelle. _______ (   ) weitere Ergebnis, _______ (   ) noch erwähnt werden muss, ist ebenfalls nicht überraschend. 39 Prozent der Jugendlichen sagten, _______ (   ) Internetnutzung ihre liebste Freizeitbeschäftigung sei. 37 Prozent erklärten, _______ (   ) Sport bei ihnen in der Freizeit an erster Stelle stehe.

20 / ____

möglicher Punkte: 46 / erreichte Punkte: ____

Das musst du großschreiben! – Nominalisierungen/Substantivierungen

Das musst du wissen

- Alle Wortarten, die sonst kleingeschrieben werden, können im Satz zu einem Nomen/Substantiv werden. Sie werden dann **nominalisiert/substantiviert** und **großgeschrieben**. (Beispiel: *Das Rudern war anstrengend.*)
- Oft erkennst du solche **Nominalisierungen/Substantivierungen** daran, dass davor ein **Begleiter** steht, der das Wort deutlich als Nomen/Substantiv kennzeichnet. (Beispiele: *kräftiges Rudern, beim Rudern, das Rudern*)

1. Übernimm die folgenden Satzpaare in der richtigen Schreibweise in dein Heft. Unterstreiche die Nominalisierungen/Substantivierungen und ihre Begleiter.

- Im FOLGENDEN geht es um die Entdeckung und Besiedlung Australiens.
  Die FOLGENDEN Sätze beschäftigen sich damit, wie Australien eine britische Kolonie wurde.
- Die ERSTEN Europäer, die an der australischen Küste landeten, waren holländische Seefahrer. Sie waren auch die ERSTEN, die die Insel Tasmanien im Süden Australiens entdeckten.
- Auf Dauer bot der neue Kontinent den Holländern aber nichts INTERESSANTES.
  Im 18. Jahrhundert wurde Australien dann für Großbritannien INTERESSANT.
- Der englische Kapitän James Cook LANDETE 1770 an der Ostküste Australiens.
  Mit dem LANDEN auf dem australischen Kontinent nahm er ihn für den britischen König in Besitz.
- Im Jahr 1788 konnten dann die ersten elf englischen Schiffe, die „First Fleet" (erste Flotte), in Australien EINTREFFEN.
  Das EINTREFFEN der „First Fleet" stellt den Beginn der europäischen Besiedlung Australiens dar.

2. Setze in die Lücken der folgenden Satzpaare die Buchstaben in ihrer richtigen Schreibweise ein.

a) Die Besiedlung Australiens erfolgte zunächst im ____esentlichen an der Küste. Das Landesinnere Australiens bietet ____esentlich schwierigere Lebensbedingungen. (w/W)

b) Im 19. Jahrhundert erfolgte ohne ____enn und ____ber die intensivere Erforschung des Kontinents. Viele der Expeditionen waren erfolgreich, ____enn die Forscher ____ber auf Schwierigkeiten stießen, mussten ihre Unternehmungen zum Teil abgebrochen werden. (w/W, a/A).

c) Im ____oraus war es oft nicht zu erkennen, auf welche Schwierigkeiten man in der australischen Wildnis stoßen würde. Da die Gebiete noch unerforscht waren, sah man viele Hindernisse nicht ____oraus. (v/V)

d) Die Expeditionen des deutschen Wissenschaftlers Ludwig Leichhardt brachten viele ____eue Erkenntnisse über Australien. In seinen Reiseberichten dokumentierte er viel ____eues. (n/N)

e) Seine Forschungsreisen sollten Erkenntnisse über ____nbekannte Gebiete bringen. Die Expeditionen führten ins ____bekannte. (u/U)

f) In Australien ist Ludwig Leichhardt heute noch eine bekannte Persönlichkeit, an die sich viele Menschen ____rinnern. Beim ____rinnern hilft es, dass in Australien z. B. Orte, Stadtteile und Straßen nach ihm benannt wurden. (e/E)

g) In Deutschland gibt es nur ____inzelne Orte, die seinen Namen tragen. Im ____inzelnen kann man sich über ihn im Ludwig-Leichhardt-Museum in Brandenburg informieren. (e/E)

Ludwig Leichhardt (1813–1848)

Am Donnerstag, freitags, heute Morgen … – Zeitangaben

Das musst du wissen

- **Zeitangaben** in der Form eines **Nomens/Substantivs** schreibt man **groß** (z. B. *der Morgen, am Donnerstagabend, am Morgen*).
- Zeitangaben in der Form eines **Adverbs** schreibt man **klein** (z. B. *abends, heute, gestern*).

1. Schreibe die folgenden Zeitangaben richtig auf.

- GESTERNNACHMITTAG ____________________
- ANDIESEMMITTWOCH ____________________
- MITTAGS ____________________
- EINESNACHTS ____________________
- AMMORGIGENMITTWOCH ____________________
- MITTWOCHNACHT ____________________
- MITTWOCHSABENDS ____________________
- MITTWOCHS ____________________
- EINESMITTWOCHS ____________________

2. Setze die Zeitangaben in ihrer richtigen Schreibung in die Lücken ein.

GESTERN ____________ besuchte die Klasse 10a das Übersee-Museum in Bremen. Hier sind viele Ausstellungsstücke aus fremden Ländern und VERGANGENEN JAHRHUNDERTEN ____________________ zu sehen, vor allem aus DEMNEUNZEHNTENJAHRHUNDERT ____________________ ________. Die Schüler trafen sich MORGENS ____________ sehr früh vor der Schule. Da es ein FREITAG ____________ war und FREITAGS ____________ für gewöhnlich mehr Betrieb auf den Straßen ist, sollte die Klasse schon am frühen FREITAGMORGEN ____________ losfahren.

Der Bus fuhr an diesem MORGEN

_______________ pünktlich

ab. Im Laufe des VORMITTAGS

____

erreichten die Schüler und ihre Lehrer

Bremen und besuchten SOFORT

_______________ das

Übersee-Museum, Bremen

Museum. Alle wollten sich MITTAGS

_______________ zu einem gemeinsamen Mittagessen treffen. Am SPÄTEN-

NACHMITTAG _______________ ging es

zurück zur Schule. Im Laufe des ABENDS _______________ wollte man wieder

zu Hause sein.

3. Schreibe die Zeitangaben in dem Kasten in der richtigen Schreibweise auf. Gib in Klammern an, um welche Wortart es sich jeweils handelt.

> VORGESTERN • ÜBERMORGEN • SAMSTAG • NACHMITTAG • GESTERN NACHT • HEUTE • NACHMITTAGS • MITTAG • ABEND

____

____

____

____

____

____

____

____

____

Pazifischer Ozean, spanisches Essen … – Herkunfts- und Ortsbeschreibungen

Das musst du wissen

- **Ortsnamen** sind **Eigennamen** und werden **großgeschrieben** (*Europa, Spanien*).
- Herkunfts- und Ortsbeschreibungen auf **-er** werden **großgeschrieben** (*Schweizer Käse*).
- Herkunfts- und Ortsbeschreibungen auf **-isch** werden **großgeschrieben**, wenn sie Bestandteil eines **Eigennamens** sind (*der Indische Ozean*).
- Herkunfts- und Ortsbeschreibungen auf **-isch** werden **kleingeschrieben**, wenn sie **nicht Bestandteil eines Eigennamens** sind (*ein spanischer Hafen*).

1. Setzt die Herkunfts- und Ortsbeschreibungen in der richtigen Schreibweise in die Lücken ein.

Abora III – Im Schilfboot über den Atlantik

Im Juli 2007 brach der DEUTSCHE ____________ Wissenschaftler Dominique Görlitz zu einer spektakulären Reise auf. Der CHEMNITZER ____________ Wissenschaftler ist Experimentalarchäologe – das heißt, er erforscht Techniken der Vergangenheit, indem er sie selbst nachbaut. Im Jahr 2007 nun wollte er mit dem Nachbau eines steinzeitlichen Schilfbootes beweisen, dass Menschen schon vor 10 000 Jahren, also lange vor Kolumbus, den ATLANTISCHENOZEAN ____________ überquerten. Sein Schilfboot war 12 Meter lang und 4,4 Meter breit. Das Boot hatte ein BOLIVIANISCHES ____________ Team in SÜDAMERIKA ____________ gebaut. Die Fahrt begann an der NORDAMERIKANISCHEN ____________ Küste, genauer gesagt in NEW YORK ____________ in den VEREINIGTENSTAATEN ____________. Das Ziel war das NÖRDLICHESPANIEN ____________. Zuvor wollte man die PORTUGIESISCHE ____________ Inselgruppe der AZOREN ____________ erreichen. Das Schiff geriet auf dem ATLANTIK ____________ jedoch in mehrere Stürme, wurde beschädigt und die Crew musste das Experiment schließlich vorzeitig beenden. Der von Görlitz erhoffte Nachweis, dass bereits vor Tausenden von Jahren Kontakt zwischen AMERIKA ____________ und dem AFRIKANISCHENKONTINENT ____________ möglich war, konnte somit nicht erbracht werden.

Teste dich selbst! – Groß- und Kleinschreibung

(zu erreichende Punkte / eigene Punkte)

1. Schreibe die folgenden Sätze in der richtigen Schreibweise auf. Unterstreiche die Nominalisierungen/Substantivierungen.

a) VOR DER ERFORSCHUNG AUSTRALIENS WUSSTEN DIE EUROPÄER NICHTS GENAUES ÜBER DEN KONTINENT.

Ulura National Park in Australien

b) AUCH HEUTE NOCH GIBT ES IN DER AUSTRALISCHEN WILDNIS VIEL ERSTAUNLICHES ZU ENTDECKEN.

c) DAS WICHTIGSTE IST, DASS MAN HIER IMMER VORSICHTIG IST UND NICHTS LEICHTSINNIGES TUT.

d) WANDERER NEHMEN MANCHMAL VIEL UNNÖTIGES MIT UND VERGESSEN DAS ENTSCHEIDENDE – NÄMLICH WASSER.

20 / ____

2. Setze die Zeitangaben in der richtigen Schreibweise in die Lücken ein.

Wir sind ________________ (GESTERN) in Australien angekommen. Wir werden ________________ (MORGEN) nach Sydney fahren und ________________ (ABENDS) das berühmte Opernhaus besuchen. ________________ (AMMONTAGMORGEN) unternehmen wir eine Bootsfahrt. Von ________________ (MITTWOCH) an machen wir eine Tour durch das Outback, das Gebiet, das weit von den großen Städten entfernt liegt. Wir wollen ________________ (SONNTAGS) wieder

6 / ____ zurück sein.

3. Streiche in dem folgenden Text jeweils die falsche Schreibweise durch.

Tipps für eine sichere Fahrt durch Australien

Eine Fahrt durch die *australische/Australische* Wildnis ist etwas *besonderes/Besonderes*. Sie kann aber auch *besonders/Besonders gefährlich/Gefährlich* sein. Das *gefährlichste/Gefährlichste* sind vielleicht die giftigen Tiere. Von diesen sollte man sich ohne *wenn/Wenn* und *aber/Aber* fernhalten. Das *befolgen/Befolgen* von Hinweisen und Warnungen der Einheimischen ist sehr *wichtig/Wichtig*. In der Wüste ist das *wichtigste/Wichtigste*, dass man auf einen *ausreichenden/Ausreichenden* Wasservorrat achtet. Auf das *funktionieren/Funktionieren* des Handys sollte man sich besser nicht *verlassen/Verlassen*. Zum *erreichen/Erreichen* des nächsten Ortes braucht man manchmal mehrere Stunden. Das *autofahren/Autofahren* kann schwierig sein, da es in den Straßen *gefährliche/Gefährliche* Schlaglöcher gibt.

16 / ____

4. Unterstreiche in den Überschriften aus einem Reiseprospekt die Nominalisierungen/Substantivierungen und schreibe die Überschriften richtig auf.

AUSTRALIEN – DAS UNBEKANNTE ENTDECKEN!

____

AN ALLES DENKEN – NICHTS WICHTIGES VERGESSEN

____

WIR WÜNSCHEN FÜR DIE REISE ALLES GUTE!

9 / ____ ____

mögliche Punkte: 51 / erreichte Punkte: ____

Gras, Schluss, groß … – s-Laute richtig schreiben

Das musst du wissen

s geschrieben

1. Hörst du einen stimmhaften, **gesummten s-Laut**, schreibst du ihn immer mit **einfachem s** (*Gräser, lesen, eisig*).
2. Ein stimmloser, **gezischter s-Laut** wird mit **einfachem s** geschrieben, wenn es **andere Formen** und **verwandte Wörter**, die mit einfachem s geschrieben werden, zu dem Wort gibt (*das Gras/die Gräser, sie liest/lesen, der Eisberg/eisig*).
3. **Konsonantenverbindungen** wie ***st, sk, sp*** werden mit einfachem s-Laut geschrieben (*mei**st**ens, fa**st**, Mu**sk**el, knu**sp**ern*).
4. Die Schreibweise einiger Wörter mit **einfachem s** kannst du nicht ableiten oder mit Regeln erklären. Du musst sie dir als **Merkwörter** einprägen (*was, bis, falls, Reis*).

***ss* geschrieben**

5. **Nach kurzem, betontem Vokal** schreibst du den stimmlosen, **gezischten s-Laut** in der Regel mit ***ss*** (*Tasse, essen, er isst, geflossen*).

***ß* geschrieben**

6. **Nach langem, betontem Vokal** (*a, e, o, u*), **Umlaut** (*ä, ö, ü*) oder **Doppellaut** (*au, ei, eu, äu*) wird der stimmlose, gezischte s-Laut mit **ß** geschrieben (*Grö**ß**e, Flo**ß**, hei**ß**, au**ß**en, rei**ß**en*).

1. In den folgenden Texten erfahrt ihr viel über die Herkunft von Wörtern und Redewendungen:
- Tragt in die Lücken **s, ss, ß, st** oder **sp** ein.
- Schreibt in die Lücken, welche Regel aus der Lernbox oben ihr anwenden müsst.

Was hinter unseren Wörtern steckt

Mit Haut und Haaren

Mittelalterliche Be___rafungsart (   ) durch Rutenschläge über „Haut und Haar“, al___o (   ) über den ganzen Körper – nicht blo___ (   ) aufs Gesä___ (   ).

Jemandem ist eine Laus über die Leber gelaufen

In den medizinischen Vor___ellungen (   ) der vorwi___enschaftlichen (   ) Zeit galt die Leber als be___onders (   ) empfindliches Organ und daher als Sitz der Empfindungen und Gefühle. Allen Redewendungen mit Leber liegt die___e Vorstellung (   ) zugrunde. Wenn jemandem eine Lau___ (   ) über die Leber gelaufen i___ (   ), so verur___acht (   ) schon eine winzige Lau___ (   ) das Gekränktsein. Solch eine Kränkung kommt auch bei der beleidigten Leberwur__ (   ) zum Au__druck (   ); der Zusatz Wur__ (   ) trat er__ (   ) __äter (   ) in der Volks__rache (   ) hinzu.

Sich etwa__ (   ) hinter die Ohren schreiben

Sehr anschauliche alte Rechtspraxis, Erfahrungen von einer Generation äu__erst (   ) __icher (   ) an die folgende weiterzugeben. Es war Rechtsbrauch, bei Abschlu__ (   ) wichtiger, langfri__iger (   ) Verträge wie Grundsteinlegungen, Grenzziehungen u. Ä., die früher oftmal__ (   ) nicht schriftlich beurkundet werden konnten, Kinder hinzuzuziehen, damit sie notfall__ (   ) in der näch__en (   ) Generation als Zeugen aus__agen (   ) konnten. Da Kinder die Bedeutung __olcher (   ) Vorgänge mei__ (   ) noch nicht recht erfa__ten (   ), schlug man sie in be__er (   ) Ab__icht (   ), gleichwohl jedoch stark, auf die Ohren, um ihre Erinnerung an die__en (   ) äu__erst (   ) denkwürdigen Vorgang zu ver__ärken (   ).

2. Ergänze auch in den folgenden Texten die fehlenden Buchstaben.

Zwillingswörter

Zwillingswörter, auch „Paarformeln“ oder „Binominale“ genannt, sind eine be__ondere Form von fe__stehenden Redewendungen, sie dienen haupt__ächlich der Verstärkung und Betonung. Man sagt bei__ielswei__e: „Frau Müller hat mit Fug und Recht darauf hingewie__en ...“ Durch die Verwendung von „Fug und Recht“ wiederholt man das er__e Wort durch ein bedeutungsähnliches, vermeidet aber die Wortwiederholung. Wir gebrauchen solche fe__gefügten Wendungen mei__ ganz unwillkürlich. Viele die__er Paarformeln sind de__halb intere__ant, weil sie in ganz konkreten Zusammenhängen entstanden, die in Verge__enheit gerieten, bzw. weil sich in ihnen Wörter erhalten haben, die an__onsten im modernen deutschen Wortschatz verloren gegangen sind. Wir verstehen zwar den Sinn der Paarformel, aber wa__ da__ eine oder andere Wort ur__rünglich bedeutete, wi__en wir mei__ nicht mehr.

In Hülle und Fülle

Mit der *Hülle* ist die Kleidung gemeint, mit der *Fülle* die Nahrung, nämlich die Füllung des Magens. Die Paarformel ist seit dem 16. Jahrhundert bezeugt: Wer Hülle und Fülle besa…, hatte al…o zunächst wenig…ens das Lebensnotwendige. Als Fülle später im Sinne von „Überflu…“ verstanden wurde, ging diese Bedeutung auch auf die Paarformel über: von allem sehr reichlich.

Nach Jahr und Tag

Dies war ein genau fe…gelegter Rechtsbegriff, der einen Zeitraum von einem Jahr, sechs Wochen und drei Tagen umfa…te. Im „Sachsenspiegel“ (um 1230), dem bedeutend…en Rechtsbuch des deutschen Mittelalters, war fe…gelegt, da… die…e Fri… verstrichen sein mu…, bevor ein Eigentumserwerb (beispielswei…e durch Kauf oder Erbschaft) rechtsgültig wird.

Kopf und Kragen ri…kieren

Als Urteils…rüche noch tödlich enden konnten, bezeichnete das Kopfri…iko die Hinrichtung mit dem Schwert, das Hal… ri…iko die Hinrichtung durch den Strang.

Au…er Rand und Band

Im älteren Sprachgebrauch ver…and man *Rand* mehr im Sinne von Rahmen. So sind auch andere Redewendungen wie „den Rand halten“ (hier werden die Lippen als Rahmen des Mundes ge…ehen) oder „zu Rande bringen“, „zu Rande kommen“ (eine …ache zu Ende bringen) zu ver…ehen. Die Zusammenstellung zu „Rand und Band“ stammt möglicherwei…e aus dem Fa…bindergewerbe.

Teste dich selbst! – s-Laute

(zu erreichende Punkte / eigene Punkte)

1. Ergänze bei dem folgenden Text die fehlenden Buchstaben **s, ss, ß, st** oder **sp**. Schreibe in die Klammern die Nummer der Regel aus der Lernbox von S. 65, die du jeweils anwenden musst.

Fu___ ( )

„Den Fu___ ( ) auf etwa___ ( ) ___etzen“ ( ), „den Fu___ ( ) in den Nacken ___etzen“ ( ) beziehen ___ich ( ) wie das mittelalterliche Handauflegen auf Rechtsge___en ( ) der Inbesitznahme. Darstellungen, auf denen der Herrscher den Fu___ ( ) auf den Nacken be___iegter ( ) Feinde stellt, gehören schon in der Bibel und in der Antike zum ___andardrepertoire ( ) der Herrscher___ymbolik ( ). Stehenden Fu___es ( ) (lat. *stante pede*), also „___ofort“ ( ), mu___te ( ) man vor Gericht Ein___ruch ( ) einlegen, wenn man verhindern wollte, dass ein Urteil rechtskräftig wurde.

32 / ____

2. Ergänze auch bei den folgenden zwei Texten die fehlenden Buchstaben.

In Sack und Asche

Wer in Sack und Asche geht, der tut Bu___e und schämt sich. Sich Asche aufs Haupt zu ___reuen ist ___eit ___ehr alter Zeit ein Zeichen der Trauer und Scham. Unter Sack ist in er___er Linie „Bü___ergewand“ zu ver___ehen. Er___ ___äter wurde von die___em äu___erst einfachen Gewand au___ grobem Stoff die Bedeutung auf Sack im Sinne von „Behälter au___ ___off“ übertragen. Die Redewendung „in Sack und Asche gehen“ als Au___druck für Bu___übungen gibt es daher wohl schon ___eit uralter Zeit. Die Verwendung die___er Zwillingsformel an mehreren Stellen in der Bibel verwei___t ebenfall___ darauf.

20 / ____

In Sau___ und Brau___

Sowohl das *Sau___en* des Windes wie das *Brau___en* der Wellen ___ind ___ehr laut. Die üppigen Gelage fröhlicher Zecher ___ind e___ebenfall___.

9 / ____

mögliche Punkte: 61 / erreichte Punkte: ____

Auf die Bedeutung achten! – Wortgruppen getrennt und Zusammensetzungen zusammenschreiben

Das musst du wissen

1. **Wortgruppen** aus mehreren Wörtern, bei denen die einzelnen Wörter ihre Bedeutung behalten, schreibst du **getrennt** (*Er möchte in Zukunft mehr Energie sparen*).
2. Bei einer Zusammensetzung erhalten mehrere Wörter eine neue Gesamtbedeutung. **Zusammensetzungen** schreibst du **zusammen** (*Er kauft energiesparende Glühbirnen*).
3. Verbindungen aus einem **Verb** und einem **Nomen/Substantiv** schreibst du in der Regel **getrennt** (*Sie möchte Fußball spielen*).
4. Wird ein Ausdruck aus einem **Verb und einem Nomen/Substantiv insgesamt als Nomen/Substantiv** gebraucht, schreibst du ihn **groß und zusammen** (*Sie treffen sich zum Fußballspielen*).
5. Verbindungen aus **zwei Verben** werden in der Regel **getrennt** geschrieben (*Sie gehen spazieren*).
6. **Verbindungen mit dem Hilfsverb *sein*** werden immer **getrennt** geschrieben (*Sie wollen auch dabei sein*).

1. Schreibt die folgenden Verbindungen in ihrer richtigen Schreibweise auf. Arbeitet dabei mit der Lernbox oben.

energisch/zupacken ____________________

vorbei/sein ____________________

spazieren/gehen ____________________

Feuer/fangen ____________________

herunter/steigen ____________________

wider/sprechen ____________________

angst/erfüllt ____________________

hart/herzig ____________________

super/anstrengend ____________________

irgend/jemand ____________________

dunkel/blau ____________________

2. Setze bei den folgenden Satzpaaren auf S. 70 jeweils den passenden Ausdruck aus dem Kasten ein. Achte darauf, dass du die richtige Form der Verben benutzt.

Zusammensetzung	Wortgruppe
sie übersetzt	sie setzt ... über
freihalten	frei halten
freimachen	frei machen
freisprechen	frei sprechen
sichergehen	sicher gehen
er umfährt	er fährt ... um
er durchbricht	er bricht ... durch

- Der Autofahrer ______________________ das Hindernis.
  Leider ______________________ er dabei einen Mülleimer ______________________.
- In der Schule sollte man gelernt haben, ______________________.
  Der Angeklagte wurde aus Mangel an Beweisen ______________________.
- Der Arzt bittet den Patienten, seinen linken Oberarm für eine Spritze ______________________.
  Einen normalen Brief muss man mit einer Briefmarke von 62 Cent ______________________.
- Vor lauter Wut ______________________ er den Bleistift ______________________.
  Der flüchtende Bankräuber ______________________ mit seinem Auto die Schranke des Parkhauses.
- Der Politiker hat seine Rede völlig ______________________.
  Kannst du mir in der Aula einen Platz ______________________?
- Heute soll Klara einen englischen Text ______________________.
  Die Fähre ______________________ die beiden Radfahrer ans andere Ufer ______________________.

- Auf diesem Untergrund kann man ______________________.

  Wenn man ganz ______________________ will, muss man für alles

  eine Versicherung abschließen.

3. Ergänzt bei den folgenden Sätzen die richtige Schreibweise der großgeschriebenen Verbindungen.

- Lars und Anne treffen sich nach der Schule zum SPAGHETTIESSEN

  ______________________.

  SPAGHETTIESSENDE ______________________ Menschen

  halten sich am besten in der Badewanne auf.

  Wenn wir am Sonntagabend SPAGHETTIESSEN ______________________

  __________ wollen, müssen wir den Einkauf organisieren.

- Einigen Teesorten wird die Wirkung zugeschrieben, das BLUTZUREINIGEN

  ______________________.

  BLUTREINIGENDE ______________________ Tees kann man in

  der Apotheke kaufen.

  Das Gleiche gilt für BLUTSTILLENDE ______________________ Watte.

  Zum BLUTSTILLEN ______________________ kann man auch

  Kräuterextrakte benutzen.

- Mädchen, die FUẞBALLSPIELEN ______________________,

  sind heute eine Selbstverständlichkeit.

  Vor 20 Jahren waren FUẞBALLSPIELENDE ______________________

  Mädchen eher selten.

  Christin und Vanessa verabreden sich zum FUẞBALLSPIELEN ______________________

  ______________________.

Zusammen oder getrennt? – Texte zum Üben

1. Streiche bei den folgenden Texten die falsche Schreibweise durch.

Kuriositäten der Fußball-WM in Brasilien

Sokratis Papastathopoulus

Die *denkwürdigsten/denk würdigsten* Namen: Bei Hulk denkt man *unweigerlich/un weigerlich* an das grüne *Comicmonster/Comic Monster,* für Brasilien soll der bullige Stürmer *gleichennamens/gleichen Namens* für viele Tore sorgen. Den vielleicht philosophischsten Namen trägt – *wenngleich/wenn gleich* mit kleinem *Schönheitsfehler/Schönheits Fehler* beim *vorletzten/vor letzten* Buchstaben ein Grieche: Sokratis. In der Kürze liegt die Würze: Die Eltern von Brasiliens Jo waren mit den Buchstaben eher sparsam.

Die Oldies: Kolumbiens *Nationaltorwart/national Torwart* Faryd Mondragon könnte noch in Brasilien seinen Geburtstag feiern. Der frühere Keeper des 1. FC Köln wird am 21. Juni 43 Jahre und könnte dann den Kameruner Roger Milla als ältesten WM-Teilnehmer der Geschichte *ablösen/ab lösen.* Dieser war 1994 stolze 42. *Aufseiten/Auf Seiten* der Trainer ist Russlands Fabio Capello mit bald 68 der Methusalem der WM. Der *Rekordhalter/Rekord Halter* ist *allerdings/aller dings* Otto Rehhagel, der 2010 bei den Griechen 71 war.

2. Übernimm die großgeschriebenen Ausdrücke in dem folgenden Text in der richtigen Schreibweise in dein Heft.

Japanische Putzkolonne begeistert Brasilien

Japans FUßBALLFANS feiern und fegen: Mit AUFGEBLASENEN blauen MÜLLTÜTEN sorgten Nippons Anhänger trotz der NULL-NUMMER im WM-Gruppenspiel gegen Griechenland am DONNERSTAG in Natal für AUßERGEWÖHNLICHE Stimmung. Doch die große Überraschung folgte mit Abpfiff der Partie in Natal. In den MITGEBRACHTEN Säcken wurde der Unrat auf den Tribünen im Japan-Block EINGESAMMELT. Auch in der Twittergemeinde findet die Aktion Anklang. „Die Fifa ist schlau und lässt die Japaner immer zum SCHLUSSSPIELEN, damit das Stadion SAUBERZURÜCKBLEIBT", meinte ein User zu den späten Anstoßzeiten der „Blauen Samurai". Und ein anderer weiß, wie man die Abwehr der Asiaten knackt: „Man muss nur Müll in den Strafraum werfen, dann hören sie AUFZUSPIELEN und sammeln sofort alles ein."

Teste dich selbst! – Getrennt- und Zusammenschreibung

1. Trage in die Lücken die richtige Schreibweise der großgeschriebenen Ausdrücke ein.

(zu erreichende Punkte / eigene Punkte)

a) Es ist alles schon einmal DAGEWESEN ________________________________.

b) Weil Paul krank war, ist er einige Tage im Bett LIEGENGEBLIEBEN

________________________________.

c) Steffi will beim 100-m-Lauf besonders SCHNELLLAUFEN ____________________

____________.

d) Sie hätte sich KAPUTTLACHEN ________________________________ können.

e) Pauline hat das Referat FREIVORGETRAGEN ____________________________.

f) Das LIEGENBLEIBEN ________________________________ der Arbeit hat dem Unternehmen hohe Verluste gebracht.

g) Der Trainer hat sich über das Spiel seiner Mannschaft SCHWARZGEÄRGERT

________________________________.

14 / ____

2. Streiche in dem folgenden Text die falsche Schreibung durch.

Johannes Gutenberg und der *Buchdruck/Buch Druck*

Johannes Gutenberg

An welchem Tag genau Johannes Gutenberg das Licht der Welt *er blickte/erblickte*, darüber können die Experten nur Vermutungen *an stellen/anstellen*. Als *halb wegs/halbwegs* gesichert gilt, dass sein *Geburtstag/Geburts Tag* im Jahre 1400 liegt. Den historischen Quellen *zu folge/zufolge* muss er *einer seits/einerseits* ein Mensch von großer Entschlossenheit, andererseits aber auch von *Lebenslust/Lebens Lust* und Temperament gewesen sein. Durch Gutenbergs Erfindung war es *möglich geworden/möglichgeworden*, bewegliche Lettern für den Druck einfach und schnell *zusammen zu setzen/zusammenzusetzen*.

Zumanderen/Zum anderen konnten die Lettern nach dem Druck *auseinander genommen/auseinandergenommen* werden, sodass eine häufige Verwendung möglich war. Ein *Buch Drucker Gewerbe/Buchdruckergewerbe* gab es natürlich auch schon vor Gutenberg. Aber dieser Buchdruck, der durchaus schon in hohem *An sehen/Ansehen* stand, war äußerst *müh selig/mühselig*, weil Texte und Bilder zunächst in Holztafeln *ein geschnitten/eingeschnitten* und danach in *Handpressen/Hand pressen* Blatt für Blatt gedruckt werden mussten.

17 / ____

mögliche Punkte: 31 / erreichte Punkte: ____

Nomen/Substantive, Verben, Adjektive … – Wortarten wiederholen

Das musst du wissen

Wortart	Erklärung	Beispiele
Nomen/ Substantive	Sie bezeichnen Lebewesen, Gegenstände, Vorgänge und Zustände und werden immer großgeschrieben.	Städteplaner, Blumenbeet, Erholung, Freude
Artikel	Sie sind Begleiter des Nomens/ Substantivs und zeigen das Genus (Geschlecht) an. Es gibt bestimmte und unbestimmte Artikel.	der, die, das ein, eine
Verben	Sie bezeichnen Tätigkeiten.	lesen, putzen, helfen, lachen
Adjektive	Sie bezeichnen die Eigenschaften eines Nomens/Substantivs.	fleißig, schmutzig, eng, hell
Pronomen • Personalpronomen • Possessivpronomen • Demonstrativpronomen	Sie können Nomen/Substantive ersetzen oder sie begleiten.	• ich, du, er, sie, es, wir, ihr, sie • mein, dein, sein, ihr, sein, unser, euer, ihr • dieser, diese, dieses, jener, jene, jenes; welcher, welche, welches
Präpositionen	Sie geben an, in welchem Verhältnis Personen oder Gegenstände zueinander stehen.	Die Jugendlichen gehen **in** den Park. Sie sonnen sich **auf** der Liegewiese.
Adverbien	Sie erläutern einen Sachverhalt näher. Sie geben an, wo etwas passiert, wann etwas passiert und wie etwas abläuft.	Der Kiosk befindet sich **dort**. Das Beet wird **morgen** bepflanzt. Es wird **sehr** bunt aussehen.
Konjunktionen	Sie verbinden Wörter, Wortgruppen und Sätze miteinander.	Maria, Leon **und** Berkat treffen sich am Karpfenteich. Berkat verteilt die Getränke, **als** alle eingetroffen sind.

1. Schreibe die Wortarten unter die Wörter des folgenden Satzes. Jede Wortart aus der Übersicht oben kommt mindestens einmal vor.

Weil	**unsere**	**großen**	**Städte**	**Betonwüsten**
______	______	______	Nomen/Substantiv	______
gleichen,	**verwandeln**	**die**	**Bewohner**	**diese**
______	______	______	______	______
Metropolen	**oft**	**in**	**grüne**	**Oasen.**
______	______	______	______	______

2. Fülle das folgende Wortartenrätsel mit den passenden Wörtern aus Aufgabe 1 aus.

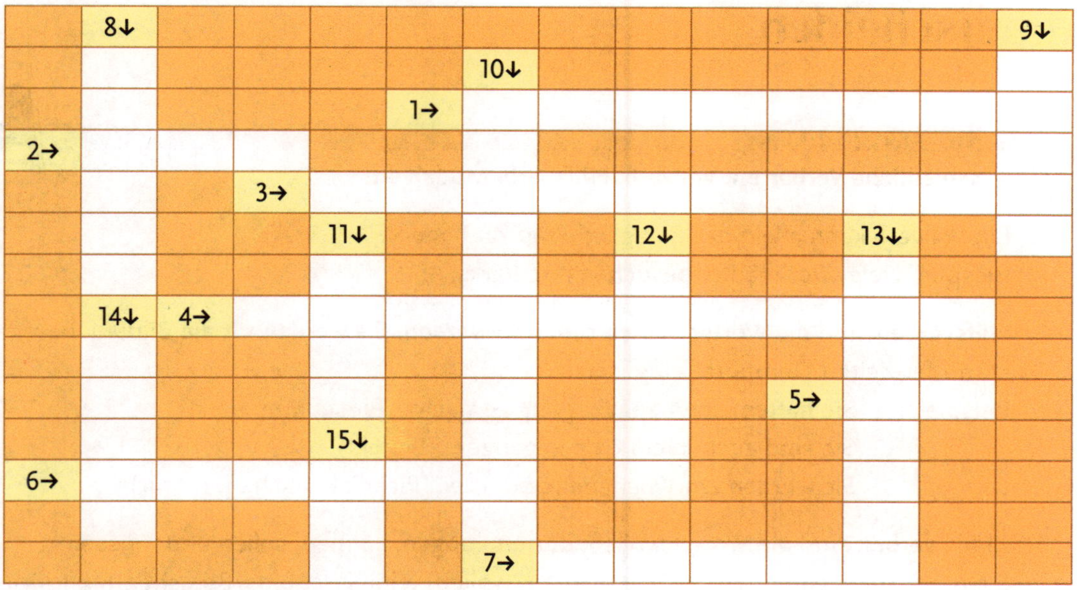

Waagerecht:

1. Nomen: Mensch, der in einer Stadt oder in einem Haus lebt
2. Adverb: drückt die Häufigkeit aus
3. Nomen: Hauptstadt, Weltstadt (Plural)
4. Verb: verändern
5. Präposition
6. Nomen: große Ortschaften (Plural)
7. Nomen: fruchtbare Stellen in Wüsten (Plural)

Senkrecht:

8. Adjektiv: Eigenschaft von Ortschaften über 100 000 Einwohner
9. Adjektiv: Farbbezeichnung
10. Nomen: bildhafter Ausdruck für graue und eintönige Architektur
11. Konjunktion: leitet eine Begründung ein
12. Possessivpronomen (1. Person Plural)
13. Verb: einem Menschen oder Gegenstand ähneln
14. Demonstrativpronomen: Hinweis
15. bestimmter Artikel

Vollverb, Hilfsverb, Modalverb – Verbarten unterscheiden

Das musst du wissen

Unterschiedliche Verbarten: Vollverb, Hilfsverb, Modalverb

1. Ein **Vollverb** kann allein das Satzglied Prädikat bilden.
   Beispiel: Viele Großstädter **besuchen** ihre Parks.

2. **Hilfsverben** sind die Wörter **haben, sein** und **werden**. Sie werden für die Bildung bestimmter Zeiten (Tempora) eingesetzt.
   Beispiele: Sie **hatten** einen Spaziergang gemacht. (Plusquamperfekt)
   Sie **sind** auch in ein Café gegangen. (Perfekt)
   Sie **werden** am Wochenende dort ein Picknick machen. (Futur)

3. **Modalverben** sind die Wörter **wollen, dürfen, mögen, können, sollen** und **müssen**.
   Sie bezeichnen einen Willen/eine Absicht (wollen), eine Erlaubnis/Berechtigung (dürfen), einen Wunsch/eine Vermutung (mögen), eine Möglichkeit/Fähigkeit (können), eine Aufforderung/einen Ratschlag (sollen) oder eine Notwendigkeit/eine Pflicht (müssen).
   Sie werden zusammen mit einem Vollverb benutzt.

   Beispiele: Einige Spaziergänger **möchten** die Blumenbeete sehen.
   Jogger **wollen** im Park ihre Runden drehen.

Hilfsverben und Modalverben können auch wie Vollverben allein das Satzglied Prädikat bilden.
Beispiele: Ein kleines Kind **hat** Durst.
Doch die Mutter **will** nicht ins Café.

1. Unterstreiche in dem folgenden Text alle Verben.

Der Highline Park in New York

Viele Bewohner großer Städte besitzen selbst keine Gärten. Sie wollen aber auch eine Erholungsmöglichkeit im Grünen. Deshalb werden von Städteplanern Parks angelegt. **So schaffen sie Naturräume für die Bewohner.** Oft gibt es allerdings nicht genug Platz für die Oasen im Grünen. Doch Not macht bekanntlich erfinderisch. Städteplaner und Stadtgärtner hatten in New York eine außergewöhnliche Idee. Sie gestalteten einen Grünstreifen auf einer stillgelegten Hochbahntrasse.
Der Highline Park ist 2,3 Kilometer lang und nur 20 Meter breit. In 10 Metern Höhe durchzieht er einen Stadtteil New Yorks.
Die Gärtner haben Birken und Zierobstbäume angepflanzt. Für die Kinder sind Blumenwiesen entstanden. Sie dürfen dort nach Herzenslust herumtoben. Doch auch Touristen können den außergewöhnlichen Park erkunden. Für sie ist sogar ein Designhotel vorhanden. Das Hotel thront auf Stelzen über dem Stelzenpark. Es hat bodentiefe Fenster. Die Gäste sollen natürlich auf den Park blicken.

2. Übertrage die folgende Tabelle in dein Heft und ordne die unterstrichenen Verben aus dem Text „Der Highline Park in New York“ in die entsprechende Spalte der Tabelle ein.

Vollverben	Hilfsverben (+ Vollverben)	Modalverben (+ Vollverben)
besitzen, …	werden angelegt, …	wollen, …

3. Setzt den folgenden Satz ins Perfekt, Plusquamperfekt und Futur: „So schaffen sie Naturräume für die Bewohner.“ Seht euch dazu auch die Beispiele in der Lernbox auf S. 76 an.

Perfekt: __________

____

Plusquamperfekt: __________

____

Futur: __________

____

4. Setze die Modalverben aus dem Wortspeicher in den Lückentext ein.

muss • dürfen • soll • wollte • kann • sollen • mochten • konnte

Der damalige New Yorker Bürgermeister Michael Bloomberg __________ seinen „Big Apple“ zur „ersten umweltverträglichen Stadt des 21. Jahrhunderts“ machen. Seine Pläne: Alter Baumbestand __________ energieeffizient saniert werden. Der Ausstoß von Treibhausgasen __________ gesenkt werden. Neue Bäume __________ gepflanzt werden. Als Bloomberg dann vom Highline Park-Projekt erfuhr, __________ er eine Patenschaft übernehmen. Auch viele Prominente, Schauspieler und Modedesigner __________ nicht Abseits stehen und setzten sich für das Projekt ein. Seit 2009 __________ nun die New Yorker einen ungewöhnlichen Park nutzen. Dieser ist inzwischen so beliebt, dass Teile tageweise abgesperrt werden, damit sich das Grün erholen __________.

Die einladende Blumenwiese … der angelegte Park – Partizip Präsens und Partizip Perfekt verwenden

Das musst du wissen

Bei der Bildung der Zeitformen Perfekt und Plusquamperfekt hast du gelernt, dass sie aus einem Hilfsverb (haben oder sein) und dem Partizip Perfekt (Partizip II) gebildet werden.

Beispiel:

Stadtgärtner ***haben*** ungewöhnliche Parkanlagen **gestaltet.** (Perfekt)
(Hilfsverb) *(Partizip Perfekt)*

Viele Bewohner **waren** in die neu gestalteten Grünanlagen **gekommen**. (Plusquamperfekt)
(Hilfsverb) (Partizip Perfekt)

Das **Partizip Perfekt (Partizip II)** dient zur Bildung der zusammengesetzten Zeitformen des Perfekts und Plusquamperfekts. Häufig besitzt es die Vorsilbe **„ge“**.

Es kann aber auch **wie ein Adjektiv**, das einem Wesen oder einem Gegenstand eine Eigenschaft zuschreibt, **als Attribut** verwendet werden.
- das **bunte** Blumenbeet (Adjektivattribut)
- das **angelegte** Blumenbeet (Partizip Perfekt als Attribut)

Das **Partizip Präsens (Partizip I)** endet auf **„-end“ bzw. „-ende“**. Auch das Partizip Präsens kann **wie ein Adjektiv als Attribut** verwendet werden.
- die **große** Liegewiese (Adjektivattribut)
- die **einladende** Liegewiese (Partizip Präsens als Attribut)

1. Unterstreiche in dem Text „Gardens by the Bay“ das Partizip Perfekt (Partizip II).

2. Bestimmt die Zeitform der Sätze und schreibt sie in die Lücken.

Gardens by the Bay

Der Stadtstaat Singapur liegt in Südostasien. Die Regierung hat hier einen ganz besonderen Park angelegt.

(____________________)

Er hat fast 100 Hektar eingenommen und gut 650 Millionen Euro gekostet. (____________________)

Sein Name ist „Gardens by the Bay“. Die Einwohnerzahl der

Stadt war im letzten Jahrzehnt stark angestiegen, sodass sich auch eine Ausweitung der Naherholungsflächen angeboten hatte. (____________________)

Nachdem die Stadtregierung einen fantastischen Plan gefasst hatte, entstand er schließlich, der Urwald in der Großstadt. (____________________) und (____________________)

3. Übernehmt die folgende Tabelle ins Heft. Sucht aus dem Text „Die Blumen-Oase" die Partizipien Präsens (Partizipien I) heraus, die als Attribut verwendet werden, und schreibt sie in die linke Spalte der Tabelle. Bestimmt dann die Adjektivattribute und fügt sie in die rechte Spalte ein.

Partizip Präsens (Partizip I) als Attribut	Adjektivattribut
aufragenden, ...	große, ...

Die Blumen-Oase

Ein Wahrzeichen des Megaparks sind die hoch aufragenden „Superbäume". Die aus Stahl bestehenden „Stämme" wurden mit Gewächsen bepflanzt und erreichen eine Höhe von 50 Metern. In den „Bäumen" befinden sich große Tanks, in denen Regenwasser gesammelt wird. Einige haben Solarzellen, um günstige Sonnenenergie zu speichern. Die Bezeichnung für die künstlichen Bäume lautet „Blumen-Dom", weil die Baumkronen an die Gewölbe prächtiger Kirchen erinnern. Diese beeindruckenden Stahlkonstruktionen befinden sich auf einer Fläche von mehr als zwei Fußballfeldern. Nicht nur heimische Tropenpflanzen, sondern auch duftende Gewächse aus anderen Gegenden der Welt können an den Stahlbäumen begutachtet werden. Nachts bieten die in verschiedenen Farben leuchtenden Baumkronen ein ungewöhnliches Schauspiel.

4. Übernimm die folgende Tabelle in dein Heft. Suche die Verben aus den folgenden Sätzen heraus und schreibe sie in die linke Spalte der Tabelle.

- Doch die Besucher des Parks staunen nicht nur über die „Superbäume".
- In einem zweiten Gewächshaus rauscht ein 35 Meter hoher künstlicher Wasserfall in die Tiefe.
- Es bildet sich Nebel und ein kräftiger Wind weht.
- Die Besucher gehen durch einen perfekten Nebelwald.
- Doch der Dunst strömt aus Düsen und die Tiergeräusche kommen vom Band.

Verben	Partizip Präsens (Partizip I)	Partizip Perfekt (Partizip II)
staunen ...	staunend	gestaunt

5. Bilde dann das Partizip I (Partizip Präsens) und das Partizip II (Partizip Perfekt) von diesen Verben und schreibe sie in die entsprechenden anderen Spalten hinein.

Teste dich selbst! – Wortarten

(zu erreichende Punkte / eigene Punkte)

1. Schreibe die Wortarten der unterstrichenen Wörter in die rechte Spalte.

Ein Urwald im Bahnhof	
In Madrid fängt der Urlaub schon in der Bahnhofshalle an. Weil	____________
der alte Bahnhof aus allen Nähten platzte, wurden seine Gleise	____________
teilweise unterirdisch verlegt. Was sollte man jetzt mit dem Platz	____________
in dieser riesigen Halle machen? Die Lösung war, Bäume und	____________
Gewächse in den Bahnhof zu pflanzen. Sie umgeben ein großes	____________
Wasserbecken für Schildkröten. Die Reisenden können sich	____________
deshalb in einer Urwaldoase entspannen, bis ihr Zug eintrifft.	____________

10 / ____

2. Unterstreiche die Modalverben und unterschlängele die Hilfsverben dieses Textes.

Mexiko City

Mexiko City ist eine der größten Städte dieser Erde. Miese Luft und extremer Verkehr sind an der Tagesordnung. Für die geplagten Bewohner wollen Politiker und engagierte Bürger aber Verbesserungen erreichen. So sollen überall in der Stadt vertikale Gärten entstehen. Die bepflanzten Wände können nämlich Lärm mildern und die Gebäude kühlen. Schon zahlreiche Bürger haben sich an der Aktion beteiligt und ihre Fassaden begrünt. Die Lebensqualität hat sich dadurch schon stark verbessert.

7 / ____

3. Bestimme die Zeitformen dieser Überschriften.

Überschriften	Zeitform
a) Züricher Bürger haben mobile Beete angepflanzt	
b) Bald werden Blumen auf Hochhäusern wachsen	
c) See war fast ausgetrocknet	
d) Anwohner gründeten Bürgerinitiative	

8 / ____

4. Setze passende Partizipien aus dem Wortspeicher in den Text hinein.

wippenden • ausgesetzte • beeindruckenden • gesponserte • gefangenen • lebender • gefragtesten

Stockholm

Stockholm gehört zu den ______________ ______________________ (Partizip _____) Metropolen Europas. Im Spätsommer treffen sich Angler direkt vor dem ______ ____________________________ (Partizip _____) Stockholmer Schloss. In langen Reihen stehen sie mit ihren ______________________________ (Partizip _____) Angelruten auf den Bürgersteigen und ziehen zuvor ______________________________ (Partizip _____) Fische aus dem Strom, der Mälarsee und Ostsee verbindet. Die von einem großen Energiekonzern ______________________________ (Partizip _____) Aktion hat Tradition in Stockholm. Die ______________________________ (Partizip _____) Fische sind ein ______________________________ (Partizip _____) Beweis dafür, dass die Gewässer sauber sind.

7 / ____

5. Schreibe in die Klammern, ob es sich um das Partizip Präsens/Partizip I oder Partizip Perfekt/Partizip II als Attribut handelt.

7 / ____

mögliche Punkte: 39 / erreichte Punkte: ____

Bekannte Satzglieder – Subjekt, Prädikat, Objekt

Das musst du wissen

Die einzelnen Bausteine eines Satzes nennt man **Satzglieder**. Die wichtigsten Satzglieder kennst du bereits:

- Das **Subjekt** antwortet auf die Frage *Wer oder was …?* und steht immer im **Nominativ** (1. Fall).
- Das **Prädikat** besteht immer aus einem **Verb** oder einer **Verbgruppe**. Es antwortet auf die Frage *Was tut jemand?* oder *Was geschieht?* Wenn ein Prädikat aus mehreren Teilen besteht, spricht man von einer **Prädikatsklammer** (*Sie **ist** über den Atlantik **geflogen**.*).
- Oft werden Prädikate im Satz durch weitere Satzglieder ergänzt. Diese **Ergänzungen** sind **Objekte**. Man unterscheidet sie in der Regel nach dem **Fall**, in dem sie stehen. Häufig vorkommende Objekte sind das Akkusativ- und das Dativobjekt.
  - Das **Dativobjekt** antwortet auf die Frage *Wem …?* (*Er glaubt* **seinem Freund**. ➔ Wem glaubt er?)
  - Das **Akkusativobjekt** antwortet auf die Frage *Wen oder was …?* (*Er verlässt* **den Verein**. ➔ Wen oder was verlässt er?)

1. Ermittle in den Sätzen die Satzglieder, indem du sie einmal umstellst. Klammere die Wörter ein, die ein Satzglied bilden.

Elly Beinhorn, eine deutsche Flugpionierin

- Die deutsche Pilotin Elly Beinhorn erreichte große Berühmtheit.

____

- Ihre Familie stammte aus Hannover.

____

- Dort wurde Elly Beinhorn 1907 geboren.

____

- Sie begann 1928 ihre Ausbildung als Pilotin.

____

- Ein Jahr später schloss sie diese erfolgreich ab.

____

- Ihren Eltern gefielen die Pläne ihrer Tochter nicht.

____

- Trotzdem begann die junge Frau eine Karriere als Kunstfliegerin.

____

- Das Steuern von Passagierflugzeugen war Frauen in dieser Zeit verboten.

____

- Die Tätigkeit als Kunstfliegerin sicherte ihr ihren Lebensunterhalt.

____

- Ihr eigentliches Interesse galt ihrem Traum von Langstreckenflügen.

____

2. Arbeite so mit den Sätzen aus Aufgabe 1:

- Finde die Subjekte, indem du zu jedem Satz die Satzgliedfrage „*Wer oder was tut etwas?*“ stellst, und unterstreiche sie.
- Finde die Prädikate, indem du zu jedem Satz die Satzgliedfrage „*Was tut jemand?*“ oder „*Was wird gemacht?*“ stellst. Kennzeichne anschließend die Prädikate mit einer Wellenlinie.
- Finde die Dativ- und Akkusativobjekte, indem du die Satzgliedfragen *Wem ...?* oder *Wen oder was ...?* stellst. Ordne die Objekte anschließend in die Tabelle ein.

Dativobjekte	Akkusativobjekte

Der Zeit, des Ortes, des Grundes … – die adverbiale Bestimmung

Das musst du wissen

- Die **adverbiale Bestimmung** macht **Angaben zu den näheren Umständen** z. B. einer Handlung oder eines Vorgangs.
- Man unterscheidet, je nachdem auf welche Frage sie antworten, adverbiale Bestimmungen der **Zeit** (*Wann? Wie lange?*), des **Ortes** (*Wo? Wohin?*), der **Art und Weise** (*Wie?*), des **Grundes** (*Warum?*) und des **Mittels** (*Womit? Mit welchen Mitteln?*).
- Adverbiale Bestimmungen können aus einem **Wort**, einer **Wortgruppe** oder einem **Neben-/Gliedsatz** bestehen.

1. Unterstreicht in dem folgenden Text die adverbialen Bestimmungen. Es sind insgesamt 19.

Alleinflug nach Afrika und um die Welt

Im Jahr 1931 verwirklichte Elly Beinhorn ihren Traum von einem Langstreckenflug. Dieser führte sie nach Afrika. Dort machte sie u. a. Luftaufnahmen. Wegen eines technischen Defekts musste sie während des Rückflugs in der Sahara notlanden. Sie konnte mit unterschiedlichen Verkehrsmitteln weiterreisen. Nach drei Monaten kehrte sie nach Berlin zurück. Durch Zeitungsberichte über die Reise erreichte Elly Beinhorn schnell große Bekanntheit. Noch im selben Jahr begann sie eine Weltumrundung im Alleinflug. Diese führte sie nach Afrika, Asien und Südamerika. Da die Entfernung zwischen Australien und Südamerika zu groß war, legte Elly Beinhorn diese Strecke mit einem Schiff zurück. Im Juli 1932 traf die Pilotin in Berlin ein und wurde dort begeistert empfangen.

2. Bestimmt die adverbialen Bestimmungen, die ihr unterstrichen habt, und tragt sie in die Tabelle ein.

Adverbiale Bestimmung				
der Zeit	des Ortes	der Art und Weise	des Grundes	des Mittels

Kein Satzglied, sondern ein Satzgliedteil – das Attribut

Das musst du wissen

- Das **Attribut** (= Beifügung) ist **kein Satzglied**, sondern **Teil eines Satzgliedes**. Es **kennzeichnet ein Nomen/Substantiv genauer.**
- Bei der Umstellprobe bleiben Attribute immer bei ihrem Bezugswort.
- Attribute antworten auf die Frage **Was für ein/eine ...?** oder **Welcher/welche/welches ...?**
- Man unterscheidet verschiedene Arten von Attributen:
  – **Adjektivattribut** (*eine berühmte Frau*),
  – **Relativsatz/Attributsatz** (*die Frau, die berühmt ist,*);
  – **Apposition** (*die Frau, eine Pilotin,*),
  – **präpositionales Attribut** (*die Auszeichnung für die Pilotin*),
  – **Genitivattribut** (*die Gewinnerin des Preises*).

1. Arbeite so mit den folgenden Sätzen:
- Stelle die Sätze einmal um und ermittle die Attribute.
- Unterstreiche in den umgestellten Sätzen die Attribute.
- Kreise die Bezugswörter der Attribute ein.
- Erfrage die Attribute mit den Fragen *Was für ein/eine ...?* oder *Welcher/welche/welches ...?*

- Bei ihrer Weltumrundung legte Elly Beinhorn in den Jahren 1931 und 1932 eine Strecke von ca. 31000 km zurück.

____

____

- Die Berühmtheit der Pilotin wurde durch diese Leistung gesteigert.

____

____

- Sie konnte die hohen Kosten allerdings nicht allein aufbringen.

____

____

- Preisgelder und Sponsoren, die sie unterstützten, ermöglichten ihr das Fliegen.

____

____

- Ihre Begeisterung für das Fliegen, die sie bis nach Südamerika geführt hatte, hatte ihre Ersparnisse aufgezehrt.

- In Asien war sie zum Mount Everest, dem höchsten Berg der Welt, geflogen.

- In zahlreichen Ländern, die sie auf ihrer Reise besuchte, war sie begeistert empfangen worden.

2. Bestimme, um welche Art von Attribut es sich in den Sätzen aus Aufgabe 1 jeweils handelt, und trage die Attribute in die Tabelle ein.

Adjektivattribut	
Relativ-/Attributsatz	
Apposition	
präpositionales Attribut	
Genitivattribut	

Teste dich selbst! – Satzglieder

(zu erreichende Punkte / eigene Punkte)

1. Finde in den folgenden Sätzen die Subjekte und die Prädikate, indem du die Satzgliedfragen stellst. Unterstreiche die Subjekte und kennzeichne die Prädikate mit einer Wellenlinie.

a) Der Traum vom Fliegen beschäftigt die Menschen schon seit langer Zeit.
b) Den Pilotenberuf streben junge Frauen und Männer auch heute an.
c) Früher wurde das Fliegen Frauen nicht leicht gemacht.
d) Trotzdem erreichten einige Frauen dieses Ziel.
e) Sie mussten oft große Widerstände überwinden.
f) Viele dieser Pilotinnen erreichten große Berühmtheit.
g) Ihnen gelangen beeindruckende Leistungen.

14 / ____

2. Suche die Sätze aus Aufgabe 1 heraus, die ein Dativobjekt enthalten, und schreibe die Buchstaben heraus, mit denen diese Sätze gekennzeichnet sind. (Es sind insgesamt 2 Sätze.)

______ ______

2 / ____

3. Suche die Sätze aus Aufgabe 1 heraus, die ein Akkusativobjekt enthalten, und schreibe die Buchstaben heraus, mit denen diese Sätze gekennzeichnet sind. (Es sind insgesamt 5 Sätze.)

______ ______ ______ ______ ______

5 / ____

4. Suche aus den Sätzen in Aufgabe 1 die adverbialen Bestimmungen heraus und bestimme sie.

____

____

____

____

8 / ____

5. Bestimme, um welche Art von Attribut es sich bei den kursiv gedruckten Ausdrücken jeweils handelt. Setze die Begriffe *Adjektivattribut, Apposition, Genitivattribut, präpositionales Attribut* und *Relativ-/Attributsatz* an der entsprechenden Stelle ein.

Der *französische* (____________________) Pilot Antoine de Saint-Exupéry wurde als Schriftsteller berühmt. Sein bekanntestes Buch, *eine Erzählung,* (____________________) heißt „Der kleine Prinz". Der Autor, *der im Hauptberuf Pilot war* (____________________), unternahm viele Langstreckenflüge. Diese Flüge *nach Afrika und Asien* (____________________) waren oft risikoreich. Die Fans *seines Buches* (____________________) verehren ihn bis heute.

5 / ____

mögliche Punkte: 34 / erreichte Punkte: ____

Sie arbeiten, damit ... – das Komma in einfachen Satzgefügen

Das musst du wissen

- **Hauptsatz und Neben-/Gliedsatz** bilden ein **Satzgefüge**. Sie werden immer durch **Kommas** voneinander getrennt. Dabei kann der Neben-/Gliedsatz vor dem Hauptsatz stehen oder dahinter oder in den Hauptsatz eingefügt sein.
- Ein **Neben-/Gliedsatz** kann **nie allein** stehen, die **Personalform des Verbs** steht immer am Ende.
- Neben-/Gliedsätze werden in der Regel mit einer **Konjunktion** (z. B. *weil, nachdem, obwohl, als* ...) eingeleitet.

Konjunktion
Beispiel: *Als er 10 Jahre alt war, wollte er Archäologe werden.*
Nebensatz Hauptsatz

1. Arbeite so mit den folgenden Sätzen:
- Trage die fehlenden Kommas ein. In jedem Satz fehlt ein Komma.
- Unterstreiche den Hauptsatz.
- Kreise die Konjunktion ein, die den Neben-/Gliedsatz einleitet.

a) Weil sie von verborgenen Schätzen träumen wollen manche Menschen Archäologen werden.

b) Obwohl sie oft nur Scherben oder einzelne Knochen finden sind solche Entdeckungen für Archäologen sehr aufregend.

c) Diese Funde geben Aufschluss über die Vergangenheit nachdem sie sorgfältig ausgewertet worden sind.

d) Während sie an einer Grabung arbeiten müssen die Archäologen sehr vorsichtig vorgehen.

e) Sie arbeiten sehr oft mit Pinseln und Zahnbürsten damit sie ihre Funde nicht beschädigen.

f) Wenn sie mit größeren Werkzeugen arbeiten würden könnten wichtige Funde zerstört werden.

2. In dem folgenden Text fehlen die Kommas in den Satzgefügen. Ergänze sie und kreise die Konjunktionen ein, die die Neben-/Gliedsätze einleiten.
Tipp: Es fehlen 7 Kommas.

Die Himmelsscheibe von Nebra

Als sie im Sommer 1999 nach Überresten der Vergangenheit suchten machten zwei Raubgräber in Sachsen-Anhalt eine der vielleicht wichtigsten archäologischen Entdeckungen unserer

Zeit. Von Raubgräbern spricht man da sie ohne Erlaubnis nach Funden suchten. Damit archäologische Funde nicht zerstört oder illegal verkauft werden ist solche Raubgräberei verboten. Obwohl die beiden Männer in diesem Fall davon wussten nahmen sie ihren Fund – eine verkrustete Scheibe aus Metall – mit. Nachdem sie die Scheibe verkauft hatten bot sie der neue Besitzer dem Landesmuseum in Halle/Saale an. Der Museumsdirektor schaltete jedoch die Polizei ein. Diese verhaftete die Verkäufer. Die Scheibe wurde bald als „Himmelsscheibe" bezeichnet da sie vermutlich eine Tausende Jahre alte Darstellung des Sternenhimmels zeigt. Obwohl die „Himmelsscheibe" inzwischen sehr genau untersucht worden ist streiten sich die Forscher bis heute über die Echtheit der Scheibe.

Himmelsscheibe von Nebra

3. Auch in dem folgenden Text fehlen die Kommas in den einfachen Satzgefügen:
- Ergänze die fehlenden Kommas.
- Kreise die Konjunktionen ein. In einem Satz musst du ein Relativpronomen einkreisen.
- Unterstreiche die Hauptsätze und kennzeichne die Nebensätze mit einer Wellenlinie.

Wettlauf um die Schätze auf deutschen Äckern

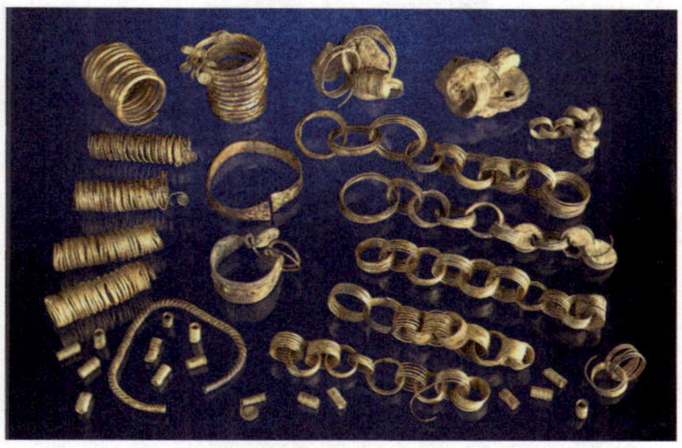
Goldschatz von Gessel

Im April 2011 fanden Archäologen einen Goldschatz auf einem Acker der rund zehn Kilometer südlich von Bremen bei Gessel liegt. Da dort eine Erdgas-Pipeline gelegt werden sollte hatte ein Techniker den Boden vor dem Ausheben mit einem Metalldetektor untersucht. Während dieser Überprüfung schlug der Metalldetektor auf einmal aus. Die Techniker erwarteten natürlich auf etwas zu stoßen als sie an der Stelle mit den Ausgrabungen begannen. Niemand rechnete aber damit dass sie den größten zurzeit bekannten Goldschatz aus der Bronzezeit entdecken würden. Dies ist ein Glücksfall für die Wissenschaftler weil sie so ganz neue Erkenntnisse über die Bronzezeit gewinnen können. Man weiß inzwischen dass die vielen goldenen Schmuckstücke mehr als 3300 Jahre alt sind. Ein Rätsel bleibt es für die Archäologen warum jemand damals diesen wertvollen Schatz überhaupt vergraben hat. Einige Wissenschaftler glauben dass ein Händler die 117 Schmuckstücke aus Gold in einer Notsituation in Tücher eingewickelt und vergraben hat.

Zwei Brüder, die … – das Komma bei Relativ-/ Attributsätzen

Das musst du wissen

- Ein Relativsatz nimmt im Satz die Rolle eines Attributs ein, deshalb nennt man ihn auch Attributsatz.
- Du erkennst ihn daran, dass er immer mit einem Relativpronomen (z. B. *der, die, das, welcher, …*) eingeleitet wird, das sich auf ein vorausgehendes Nomen/Substantiv im Hauptsatz bezieht. Manchmal steht vor dem Relativpronomen noch eine Präposition (z. B. *auf dem*).
- Relativ-/Attributsätze werden durch Kommas vom Hauptsatz abgetrennt.
- Sie können nach dem Hauptsatz stehen oder von ihm umrahmt werden.

Bezugsnomen — Relativpronomen

Beispiel: *Die Steine, die gefunden wurden, gehörten zu einem antiken Gebäude.*

Relativsatz

1. Arbeite so mit den folgenden Sätzen:
- Ergänze die fehlenden Kommas. Es fehlen jeweils ein oder zwei Kommas.
- Kennzeichne die Relativ-/Attributsätze mit einer Wellenlinie.
- Kreise das jeweilige Relativpronomen ein und verbinde es mit dem Bezugswort.

a) Im Jahr 1965 machten zwei Brüder die in Köln lebten im Keller ihres Elternhauses eine faszinierende Entdeckung.

b) Bei Bauarbeiten die sie in dem Keller durchführten entdeckten sie einen sehr alten Brunnenschacht.

c) Sie fanden dort zunächst Dinge die aus der Neuzeit und dem Mittelalter stammten.

d) Nach einiger Zeit die sie mit weiteren Grabungen verbracht hatten fanden sie auch Überreste aus der Römerzeit.

e) In Köln das von den Römern gegründet worden war war dies noch nichts Ungewöhnliches.

f) Im Laufe der Zeit wurde jedoch die Bedeutung des Fundes deutlich der eine der bedeutendsten römerzeitlichen Entdeckungen nördlich der Alpen war.

g) Die beiden Hobbyarchäologen arbeiteten immer weiter an ihrer Grabung die sie mehr und mehr faszinierte.

h) Das Wohnhaus in dessen Keller sie gruben mussten sie mit aufwendigen Maßnahmen absichern.

i) Ein Einsturz des Hauses in dem sie gruben wäre sonst nicht auszuschließen gewesen.

j) Am Ende hatten sie ein römisches Grabmal das aus zahlreichen großen Steinquadern bestand ausgegraben.

k) Der Erbauer des Grabmals war ein Römer gewesen der Lucius Poblicius hieß.

l) Das Grabmal hatte ursprünglich eine Höhe gehabt die ca. 15 Meter betragen haben musste.

m) Die Ausgrabungen die die beiden Brüder unternahmen dauerten ungefähr zwei Jahre.

n) Das Grabmal das vor ca. 2000 Jahren erbaut worden war ist heute im Römisch-Germanischen Museum in Köln zu sehen.

Grabmal des Poblicius

2. Verbinde in den folgenden Beispielen jeweils die beiden Hauptsätze so miteinander, dass ein Satzgefüge aus Hauptsatz und Relativ-/Attributsatz entsteht.
Beispiel: *Das Grabmal wurde in Köln ausgegraben. Es trägt den Namen Grabmal des Poblicius.*
➔ *Das Grabmal, das den Namen Grabmal des Poblicius trägt, wurde in Köln ausgegraben.*

a) Das Grabmal ist ein beeindruckendes Bauwerk. Es ist über 14 Meter hoch.

___

___

b) Die Inschrift auf dem Grabmal wird auf verschiedene Weise rekonstruiert. Sie ist nur unvollständig erhalten.

___

___

c) Der Fundort ist nicht der ursprüngliche Standort. Der Standort lag vermutlich außerhalb der Stadt.

___

___

d) Hochwasser könnte das Grabmal unterspült haben. Hochwasser kommt am Rhein regelmäßig vor.

___

___

e) Es bleibt jedoch unklar, wie die Steinblöcke an ihren späteren Fundort gelangt sind. Die Steinblöcke sind sehr schwer.

___

___

Ich meine, dass … – das Komma bei Subjekt- und Objektsätzen

Das musst du wissen

- Nebensätze können im Satz auch die Aufgabe **des Subjekts oder Objekts** übernehmen. Man spricht dann von einem **Subjekt- bzw. Objektsatz**. (Beispiel: *Dass die Arbeit von Archäologen interessant ist, denken viele Menschen.* ➔ *Objektsatz*)
- Subjekt- und Objektsätze werden mit der **Konjunktion *dass*** oder mit einem **Fragewort**, z. B. ***wer, wen, was***, eingeleitet und vom Rest des Satzes mit **Komma** abgetrennt. (Beispiel: *Wer Archäologe werden will, sollte gerne im Freien arbeiten.* ➔ *Subjektsatz*)
- Die **Konjunktion *dass***, die **Subjekt- und Objektsätze** einleiten kann, musst du von dem **Relativpronomen *das***, das **Relativ-/Attributsätze** einleitet, unterscheiden.

1. Ergänze in den folgenden Sätzen die fehlenden Kommas.
- Kreise die Konjunktion *dass* oder die Fragewörter, die die Subjekt- bzw. Objektsätze einleiten, ein.

a) Dass man als Archäologe wertvolle Schätze findet kommt eher selten vor.

b) Die Forscher wissen dass sie bei der Arbeit sehr vorsichtig sein müssen.

c) Wer als Archäologe arbeiten will muss oft Pinsel und Zahnbürste einsetzen.

d) Dass man von den Funden genaue Zeichnungen anfertigt gehört zu den Aufgaben eines Archäologen.

e) Man weiß vorher oft nicht genau was man bei einer Ausgrabung findet.

f) Dass es oft Alltagsgegenstände sind ist für Archäologen ganz normal.

g) Wer viel Geduld hat kann aus einzelnen Scherben den ursprünglichen Gegenstand wieder zusammensetzen.

h) Oftmals müssen die Forscher hinnehmen dass sie nur einzelne Teile eines Skeletts oder eines Gegenstands finden.

i) Wem ein wichtiger Fund gehört ist manchmal ein Streitpunkt.

j) Dass wichtige Funde in ein Museum gehören ist für Archäologen selbstverständlich.

k) Wer ein archäologisches Museum besucht kann dort die Ergebnisse der Forschungsarbeit bewundern.

2. Bilde aus den Sätzen Satzgefüge mit Subjekt- und Objektsatz.
Beispiel: *Ein Archäologe trägt einen Taucheranzug. Es kommt manchmal vor.*
➔ *Dass ein Archäologe einen Taucheranzug trägt, kommt manchmal vor.*

a) Archäologen suchen auch unter Wasser nach interessanten Dingen. Es kommt regelmäßig vor.

____

b) Man nennt diese Tätigkeit Unterwasserarchäologie. Man kann es sich leicht erklären.

____

c) Viele Gegenstände und Materialien bleiben unter Wasser lange erhalten. Dies ist ein Vorteil für die Archäologen.

____

d) Viele Unterwasserarchäologen haben die Erwartung. Sie finden ein Schiffswrack.

____

e) In vielen Seen und Flüssen kommt es vor. Man findet ein altes Schiffswrack.

____

3. In dem folgenden Text fehlen die Kommas und die Konjunktion *dass* bzw. das Relativpronomen *das*.

- Setzt in die Lücken entweder die Konjunktion *dass* oder das Relativpronomen *das* ein.
- Setzt die fehlenden Kommas.

_______ man als Unterwasserarchäologe erst einen Tauchkurs machen muss klingt logisch. Man sollte berücksichtigen _______ es neben dem praktischen Training auch Theoriestunden gibt. Das Wissen _______ man dabei erwirbt soll helfen _______ man die Tauchgänge sicher durchführen kann. Außerdem muss man trainieren _______ man unter Wasser vorsichtig mit den Funden umgeht. Das Programm _______ man bei einem solchen Tauchkurs absolviert ist sehr abwechslungsreich.

Ich denke, dass …, weil … – das Komma in komplexen Satzgefügen

Das musst du wissen

- Mit einem **Komma** trennst du auch einen **Neben-/Gliedsatz** ab, der nicht von einem Hauptsatz, sondern **von einem anderen Neben-/Gliedsatz abhängt**.
- In diesem Fall spricht man von einem **komplexen Satzgefüge**.

1. Arbeitet so mit den folgenden Sätzen:
- Kreist die Konjunktionen und die Relativpronomen ein, die jeweils einen Neben-/Gliedsatz bzw. einen Relativ-/Attributsatz einleiten.
- Unterstreicht die Hauptsätze.
- Setzt jetzt die fehlenden Kommas. In den Klammern findet ihr die Zahl der fehlenden Kommas.

a) Nachdem man bei dem Ort Kalkriese der in der Nähe von Osnabrück liegt viele Gegenstände aus der Römerzeit gefunden hatte hielt man ihn für den Ort der berühmten Schlacht im Teutoburger Wald. (3 Kommas)

b) Diese Schlacht die zwischen Römern und Germanen die verfeindet waren stattgefunden hatte hatte die Historiker schon lange Zeit beschäftigt. (4 Kommas)

c) Da der genaue Ort der Schlacht die im Jahr 9 nach Christus stattgefunden haben soll bis heute unbekannt ist streiten sich einige Forscher bis heute darüber. (3 Kommas)

d) An dem Ort den man früher für den Schauplatz der Schlacht gehalten hatte bevor man auf die Funde in Kalkriese gestoßen war steht heute – in der Nähe von Detmold – das Hermannsdenkmal. (3 Kommas)

e) Damit die Besucher die nach Kalkriese kommen die zahlreichen Funde betrachten können wurde dort ein großes Museum errichtet. (3 Kommas)

f) Hier werden viele der Gegenstände die die Archäologen fanden während sie Ausgrabungen durchführten ausgestellt. (3 Kommas)

g) Auch heute noch werden Teile des Geländes von Archäologen die nach und nach die ganze Fläche absuchen weil sie auf weitere Funde hoffen untersucht. (3 Kommas)

h) Einer der bekanntesten Funde aus Kalkriese der nachdem er bekannt geworden war für großes Aufsehen sorgte ist ein römischer Maskenhelm. (4 Kommas)

Hermannsdenkmal

Er hat den Wunsch, Archäologe zu werden – das Komma bei Infinitivgruppen

Das musst du wissen

Eine Infinitivgruppe umfasst ein Verb im **Infinitiv mit *zu* und weitere Wörter**. In folgenden Fällen musst du eine Infinitivgruppe mit einem Komma vom übergeordneten Satz abtrennen:

- Ein **Substantiv/Nomen oder ein anderes Wort** im übergeordneten Satz **bezieht sich auf die Infinitivgruppe**.
  Beispiel: *Der Kaufmann Heinrich Schliemann hatte den **Wunsch**, Archäologe zu werden.*
- Die **Infinitivgruppe** wird mit ***um, anstatt, statt, ohne, außer, als*** eingeleitet.
  Beispiel: *Er las viele Bücher, **um** mehr über die Geschichte zu erfahren.*

1. Arbeitet so mit den folgenden Sätzen:
- Unterstreicht jeweils die Infinitivgruppe.
- Kreist den Ausdruck im übergeordneten Satz, auf den sich die Infinitivgruppe bezieht, oder die Wörter *um, ohne, anstatt, statt, außer* ein.
- Setzt die fehlenden Kommas.

a) Sein geschäftlicher Erfolg gab dem deutschen Kaufmann Heinrich Schliemann (1822–1890) die Möglichkeit sich ganz seinem Hobby zu widmen.

b) Er wollte lieber Archäologe sein als als Kaufmann tätig zu sein.

c) 1864 nutzte er sein Vermögen dazu eine Weltreise anzutreten.

d) Er hatte eigentlich den Plan gehabt nach Griechenland zu reisen und dort zu forschen.

e) Doch erst nutzte er seine Weltreise um nach Indien, China und Japan zu fahren.

f) Statt sich zur Ruhe zu setzen plante er nach seiner Weltreise Forschungsaufenthalte in Griechenland und der Türkei.

g) Er hatte die Absicht die antike Stadt Troja zu finden.

h) Schon in seiner Kindheit hatte er damit begonnen sich für das alte Griechenland zu begeistern.

i) Vor allem die Werke des antiken griechischen Schriftstellers Homer hatten dazu beigetragen ihn für das alte Griechenland zu interessieren.

j) Schliemann war davon überzeugt mithilfe der Erzählungen Homers das antike Troja finden zu können.

k) In der Türkei gelang es Schliemann eine antike Stadt auszugraben.

l) Die von ihm gefundenen Schätze schmuggelte er außer Landes ohne irgendwelche Bedenken zu haben.

m) Bis heute gibt es Streit die Entdeckungen und Funde Schliemanns zu beurteilen.

Heinrich Schliemann

Teste dich selbst! – Kommas richtig setzen

(zu erreichende Punkte / eigene Punkte)

1. In dem folgenden Text fehlen die Kommas, die die Relativ-/Attributsätze vom übrigen Satz abtrennen. Kennzeichne die Relativ-/Attributsätze mit einer Wellenlinie und setze die Kommas.

Katharina Iskander: Der die Erde lesen kann

a) Der Archäologe Armin Becker kann Dinge sehen die andere nicht wahrnehmen.

b) Er sieht die Stelle wo vor Christi Geburt ein römischer Wachturm stand.

c) Und wie pompöse Statuen aussehen von denen kaum mehr übriggeblieben ist als ein paar lehmverschmierte Bronzestücke.

d) Er lässt seinen Blick über den Boden schweifen den die Römer für ihre Gräben nutzten in denen das Wasser für ein ganzes Dorf geflossen ist.

13 / ____ e) Armin Becker der „die Erde liest“ kann das alles sehen.

2. An welchen Stellen in den folgenden Sätzen und Satzgefügen muss ein Komma gesetzt werden? Trage dort ein Komma ein, wo deiner Meinung nach eines gesetzt werden muss. **Tipp:** In zwei Sätzen muss kein Komma gesetzt werden!

Archäologie als Beruf

a) Archäologen wollen herausfinden ( ) wie die Menschen ( ) früher gelebt haben.

b) Dazu beschäftigen sie sich ( ) damit ( ) was Menschen aus früherer Zeit ( ) zurückgelassen haben.

c) Auch die Abfälle ( ) von damals ( ) interessieren die Forscher.

d) Weil es keine Abfalltonnen gab ( ) sah „Müll“ früher ganz anders aus ( ) als heute.

e) Und es ( ) gab ( ) keine Mülltrennung.

f) Wenn ein Mensch ( ) im Mittelalter ( ) etwas nicht mehr brauchte ( ) warf er es in die sogenannte „Latrine“.

g) Das war ( ) eine Art Plumpsklo mit einem tiefen Schacht ( ) sodass viele Dinge sich dort sehr gut erhalten haben ( ) weil sie gut konserviert wurden.

h) Die Archäologen freuen sich ( ) heute darüber ( ) dass die Menschen damals ( ) ihren Müll in diese Latrinen geworfen haben.

7 / ____

3. Teste dein Wissen über die Kommasetzung, indem du so mit dem Text „Beruf: Archäologe" arbeitest:

- Setze in dem Text die fehlenden Kommas. 25 / ___
- Kreise alle Wörter ein, die Neben-/Gliedsätze wie Adverbial-, Subjekt-/Objekt- und Relativ-/Attributsätze einleiten. 18 / ___
- Kennzeichne die Relativ-/Attributsätze mit einer Wellenlinie. 4 / ___

Jens Rehländer

Beruf: Archäologe

Eingänge zu den Grabkammern von Ramses VI. und Tutanchamun im Tal der Könige.

Wer Kent Weeks begleitet könnte sich wie in den Kulissen eines Gruselfilms fühlen. Denn der Amerikaner der 60 Meter unter dem ägyptischen Wüstensand arbeitet gräbt sich durch stockfinstere Gewölbe. Da es so heiß ist kleben T-Shirt und Hose am Körper. Der Atem keucht. Sand knirscht zwischen den Zähnen.

Während man kriecht schrammt man mit Knien und Ellbogen gegen spitze Felsen. Jede Sekunde können Schlangen oder Fledermäuse im Dunkel aufschrecken. Dass die niedrigen Felsdecken einstürzen ist eine andere Gefahr. Totenschädel oder Gerippe die im Licht der Taschenlampe auftauchen können ebenfalls erschrecken. Warum Kent Weeks hier herumkriecht? Nun, das „Tal der Könige" das in Ägypten liegt ist sein Arbeitsplatz.

Hier haben die alten Ägypter vor Tausenden von Jahren ihre Könige die Pharaonen genannt werden in unterirdischen Grabkammern bestattet. Der Boden ist durchlöchert wie Schweizer Käse weil es so viele Grabkammern sind. Weil Weeks Archäologe ist – ein Altertumsforscher – hat er es sich zur Aufgabe gemacht diese uralten Gräber zu untersuchen und ihre Position in eine Landkarte einzutragen.

Obwohl die Forscher bis heute 62 Gräber im Tal der Könige aufgespürt haben war nur eines nicht von Räubern geplündert worden als die Forscher es 1922 entdeckten: das Grabmal des berühmten Pharao Tutanchamun. Dessen goldene Totenmaske hat Kent Weeks als Jugendlicher in Seattle bestaunt während er eine Ausstellung des Grabschatzes in seiner amerikanischen Heimat besuchte.

Dass er Archäologe in Ägypten werden wollte stand für ihn schon als Achtjähriger fest. Weeks erzählt dass seine Mitschüler die Idee toll fanden weil sie an Mumien und goldgefüllte Gräber dachten. Er schmunzelt dabei. Obwohl die „Indiana Jones"-Filme die bis heute populär sind ein anderes Bild zeigen ist Archäologie in Wahrheit das genaue Gegenteil von Schatzjägerei. „Wer Archäologe werden will braucht bei der Arbeit sehr, sehr viel Geduld", meint Weeks.

mögliche Punkte: 67 / erreichte Punkte: ___

Was haben die beiden Begriffe gemeinsam? – Einstellungstest zum Bereich Sprache

Das musst du wissen

Einige Arbeitgeber führen im Rahmen von Bewerbungsverfahren auch Tests mit den Bewerbern durch. Dies gilt insbesondere für größere Firmen und Ausbildungsberufe im Büro oder kaufmännischen Bereich. Dabei werden verschiedene Kenntnisbereiche abgefragt, aber auch praktische und psychologische Tests können eine Rolle spielen.
Oft enthalten die Tests auch **Aufgaben zum Bereich Wort- und Sprachverständnis**. In den folgenden Übungen findet ihr typische Testaufgaben für diesen Bereich.

1. Zwei Begriffe, bei denen du herausfinden sollst, was beide gemeinsam haben, werden dir vorgegeben.
Beispiel: Apfel – Apfelsine
Lösung: Obst bzw. Früchte
Für 15 Begriffspaare hast du fünf Minuten Zeit.

1 Nelke – Rose ____________________

2 Ohr – Nase ____________________

3 warm – kalt ____________________

4 Hose – Jacke ____________________

5 schnell – langsam ____________________

6 Liebe – Hass ____________________

7 Hammer – Schraube ____________________

8 Fahrrad – Auto ____________________

9 Klee – Nashorn ____________________

10 Koffer – Gasometer ____________________

11 Tadel – Lob ____________________

12 Start – Ziel ____________________

13 Lied – Gedicht ____________________

14 Eiche – Mücke ____________________

15 Alkohol – Kohle ____________________

2. Bei der nächsten Aufgabe geht es darum, aus einer Reihe von sieben vorgegebenen Wörtern die zwei anzukreuzen, die einen gemeinsamen Oberbegriff haben.
Beispiel: a) Gardine b) Topfpflanze c) Sessel d) Teppich e) Bild f) Schrank g) Haus
Lösung: c) und f) sind anzukreuzen, beide haben den gemeinsamen Oberbegriff *Möbel(stücke)*.
Für die 15 folgenden Aufgaben hast du fünf Minuten Zeit.

1	a) Halle	b) Straße	c) Garten	d) Büro	e) Werkstatt	f) Quartier	g) Haus
2	a) Vase	b) Nelke	c) Laub	d) Strauch	e) Wald	f) Linde	g) Rose
3	a) Angst	b) Armut	c) Gefahr	d) Krankheit	e) Hunger	f) Enttäuschung	g) Durst
4	a) Fisch	b) Qualle	c) Seetang	d) Boot	e) Wasser	f) Wal	g) Delfin
5	a) Lokal	b) Schule	c) Atelier	d) Kaufhaus	e) Werkstatt	f) Stadion	g) Halle
6	a) Wagen	b) Start	c) Asphalt	d) Reifen	e) Ziel	f) Zuschauer	g) Rennstrecke
7	a) Hund	b) Raupe	c) Wurm	d) Fliege	e) Wolf	f) Schnecke	g) Schwalbe
8	a) malen	b) schleudern	c) trocknen	d) säubern	e) hämmern	f) stapeln	g) waschen
9	a) Rechnung	b) Bier	c) Becher	d) Lokal	e) Hopfen	f) Kuh	g) Milch
10	a) Politik	b) Kunst	c) Pädagogik	d) Geschichte	e) Biologie	f) Physik	g) Religion
11	a) Reise	b) Eisenbahn	c) Fahrkarte	d) Flugzeug	e) Flughafen	f) Steward	g) Gepäck
12	a) Strom	b) Schalter	c) Turbine	d) Kabel	e) Hahn	f) Sicherung	g) Telefon
13	a) weich	b) fettig	c) fest	d) gerade	e) kalt	f) flüssig	g) biegsam
14	a) Milch	b) Eier	c) Kartoffeln	d) Brot	e) Marmelade	f) Hering	g) Joghurt
15	a) Theater	b) Zelt	c) Torso	d) Rüstung	e) Ruine	f) Stein	g) Standbild

3. In einer Gruppe von fünf vorgegebenen Wörtern sind vier in einer gewissen Weise ähnlich. Deine Aufgabe ist es, das fünfte Wort zu finden, das sich von den anderen deutlich unterscheidet.
Beispiel: a) laufen b) hocken c) sitzen d) knien e) liegen
Lösung: a) laufen; bei allen anderen Wörtern handelt es sich um ruhende Positionen.
Ein möglicher Lösungsweg besteht bei dieser Aufgabe darin, zu versuchen, einen gemeinsamen Oberbegriff für vier von den fünf gegebenen Wörtern zu finden, also ein Merkmal, das sie verbindet. Das fünfte Wort, das nicht dazu passt, ist dann durchzustreichen.
Du bekommst zehn Aufgaben von dieser Sorte, für die du drei Minuten Zeit hast.

1	a) Handwerker	b) Rentner	c) Angestellter	d) Manager	e) Lehrling
2	a) morgen	b) sofort	c) demnächst	d) bald	e) zukünftig
3	a) traurig	b) freudig	c) ärgerlich	d) sicher	e) verstimmt
4	a) Sauerstoff	b) Stickstoff	c) Gas	d) Molekül	e) Luft
5	a) Trompete	b) Klarinette	c) Klavier	d) Saxophon	e) Posaune
6	a) Leinen	b) Hanf	c) Nylon	d) Baumwolle	e) Seide
7	a) Riegel	b) Türschloss	c) Schraubendreher	d) Reißverschluss	e) Korkenzieher

8 a) Hinweisschild b) Uhr c) Kompass d) Kurs e) Polarstern
9 a) entdecken b) erfinden c) aufspüren d) reproduzieren e) antreffen
10 a) Flugzeug b) Wendeltreppe c) Fahrstuhl d) Fallschirm e) Leiter

4. Im Folgenden sind Sätze abgedruckt, bei denen jeweils ein Wort fehlt. Sechs Lösungsmöglichkeiten werden für jeden Satz vorgeschlagen. Welches Wort vervollständigt den Satz inhaltlich richtig? Kreuze es an.

Beispiel: Das Gegenteil von Verzweiflung ist ...?
a) Hass b) Liebe c) Elend d) Hoffnung e) Trauer f) Schmerz

Lösung: d) Hoffnung

Für zehn Aufgaben dieser Art hast du drei Minuten Zeit.

1 Aus Mangel an ... sind in New York immer höhere Hochhäuser entstanden.
a) Bauarbeitern b) Städteplanung c) Baugrund d) Sauerstoff e) Baumaterial f) Formempfinden

2 Beim Führen eines Kraftfahrzeuges benötigt man besonders ...
a) Kraft b) Ausdauer c) Mut d) Rücksicht e) Geschicklichkeit f) Aufmerksamkeit

3 Das schnellste Verkehrsmittel ist immer noch der/die/das ...
a) Auto b) Bus c) Eisenbahn d) Flugzeug e) Kutsche f) Motorrad

4 Propaganda ist eine besondere Art von ...
a) Kunst b) Überzeugung c) Werbung d) Meinungsforschung e) Wissenschaft f) Rede

5 Der menschliche Körper benötigt zur Existenz am dringendsten die Zufuhr von ...
a) Schlaf b) Bewegung c) Flüssigkeit d) Nahrung e) Kommunikation f) Zuwendung

6 Die Länge eines 5-Euro-Scheines beträgt ca. ... cm.
a) 10 cm b) 15 cm c) 12 cm d) 9,5 cm e) 16 cm f) 15,5 cm

7 Fett ist ... als Wasser.
a) leichter b) wärmer c) schwerer d) sauberer e) kälter f) stärker

8 Für das Fernsehgerät ist/sind ... von entscheidender Bedeutung.
a) der Abstellknopf b) die Transistoren c) die Bildröhre d) die Antenne e) der Lautstärkeregler f) das Fernbedienungsteil

9 In der Beziehung zu anderen Menschen sollte man vor allem ... sein.
a) misstrauisch b) ängstlich c) zurückhaltend d) vergnügt e) gewandt f) aufgeschlossen

10 Es erfordert viel ..., wenn man tiefe Töne erzeugen will.
a) Konzentration b) Einbildungsvermögen c) Geschick d) Schwung e) Kraft f) Musikalität

Welches Wort ist richtig geschrieben? – Einstellungstest zu den Bereichen Rechtschreibung und Zeichensetzung

Das musst du wissen

Vor allem im Banken- und Versicherungswesen, bei kaufmännischen Berufen, aber auch in der Verwaltung, im Büro oder bei der Polizei werden sichere **Kenntnisse in der Rechtschreibung und Zeichensetzung** vorausgesetzt. In diesem Kapitel findest du **typische Aufgaben** aus Einstellungstests zu diesen Bereichen.

1. In Listen von vorgegebenen Wörtern soll herausgefunden werden, welche Wörter richtig und welche falsch geschrieben wurden. Richtig geschriebene Wörter sind mit einem **r** zu versehen, falsch geschriebene Wörter sind auf der freien Zeile neben dem Wort noch einmal richtig zu schreiben. Ist dir ein Wort unbekannt, so empfiehlt es sich hier, nicht zu raten, sondern neben das Wort ein **?** zu setzen. Für zehn Aufgaben hast du 1–2 Min. Zeit.

Beispiele: Girlande ___*r*___
Glantz ___*Glanz*___

1 Joghurt ________________

2 Dezimalwaage ________________

3 Gallerie ________________

4 Schwärfälligkeit ________________

5 Tolleranz ________________

6 unwiederstehlich ________________

7 Systhem ________________

8 schick und schön ________________

9 Schahrm und Anmuth ________________

10 tot und teufel ________________

2. Die folgenden Testaufgaben gehören zu den schwereren Aufgabenformen, die der Testmarkt zu bieten hat. Unter vier verschiedenen Schreibweisen musst du die einzig richtige herausfinden. Diese Häufung der falschen Schreibweisen sorgt oft für Verwirrung.

Beispiel: Welche der folgenden Schreibweisen ist richtig?

a) das rumstehen vor der Haustür ist Verboten

b) das Rumstehen vor der Haustür ist verboten

c) das rumstehen vor der Haustür ist verboten
d) das Rumstehen vor der Haustür ist Verboten
Lösung: b

Bei den folgenden Übungsaufgaben haben wir uns auf die Groß- und Kleinschreibung konzentriert, ein Gebiet der Rechtschreibung, bei dem oft noch Fehler gemacht werden. Wir empfehlen dir, die Rechtschreibregeln noch einmal anzusehen, bevor du an einem Einstellungstest teilnimmst.

Zeit: 4 Minuten

1 a) das geschieht ihr alles recht, sprach der Knecht
b) das geschieht ihr Alles Recht, sprach der Knecht
c) das geschieht ihr alles Recht, sprach der Knecht — Lösung: ______
d) das geschieht ihr Alles recht, sprach der Knecht

2 a) sie schwitzten drei Tagelang vor Hitze
b) sie schwitzten drei Tage lang vor Hitze
c) sie schwitzten drei tagelang vor Hitze — Lösung: ______
d) sie schwitzten drei tage lang vor Hitze

3 a) Rotkäppchen lief im dunkel des Waldes
b) Rotkäppchen lief im Dunkel des waldes
c) Rotkäppchen lief im Dunkel des Waldes — Lösung: ______
d) Rotkäppchen lief imdunkel des Waldes

4 a) vier bis fünf mal
b) vier- bis fünf mal — Lösung: ______
c) vier- bis fünfmal
d) vier bis fünf Mal

5 a) er hat mich nur ein paar male gesehen
b) er hat mich nur ein Paar Male gesehen
c) er hat mich nur ein paar Male gesehen — Lösung: ______
d) er hat mich nur ein Paar male gesehen

6 a) er tut es von herzen Gern
b) er tut es von Herzen gern
c) er tut es von Herzen Gern — Lösung: ______
d) er tut es von herzen gern

7 a) man kann vom Kleineren auf das größere schließen
b) man kann vom kleineren auf das größere schließen
c) man kann vom kleineren auf das Größere schließen — Lösung: ______
d) man kann vom Kleineren auf das Größere schließen

8 a) sie servierte Frankfurter Würstchen und Westfälischen Schinken
b) sie servierte frankfurter Würstchen und westfälischen Schinken
c) sie servierte Frankfurter Würstchen und westfälischen Schinken — Lösung: ______
d) sie servierte frankfurter Würstchen und Westfälischen Schinken

9 a) schlag zwölf Uhr geht der Zug
b) Schlag zwölf Uhr geht der Zug
c) schlag Zwölf Uhr geht der Zug — Lösung: ______
d) Schlag Zwölf Uhr geht der Zug

10 a) des morgens kommt der Verkehr zum Erliegen
b) des Morgens kommt der Verkehr zum erliegen
c) des Morgens kommt der Verkehr zum Erliegen
d) des morgens kommt der Verkehr zum erliegen — Lösung: ______

11 a) meines Wissens gibt es nichts Neues
b) meines wissens gibt es nichts Neues
c) meines Wissens gibt es nichts neues
d) meines wissens gibt es nichts neues — Lösung: ______

12 a) das Abkommen wurde für Null und Nichtig erklärt
b) das Abkommen wurde für null und nichtig erklärt
c) das Abkommen wurde für Null und nichtig erklärt
d) das Abkommen wurde für null und Nichtig erklärt — Lösung: ______

13 a) durch dick und dünn
b) durch Dick und Dünn
c) durch dick und Dünn
d) durch Dick und dünn — Lösung: ______

14 a) er kann gut Rad fahren
b) er kann gut rad fahren
c) er kann gut radfahren
d) er kann gut Radfahren — Lösung: ______

3. Bei dieser Aufgabe werden dir Sätze vorgelegt, und du sollst entscheiden, an welchen Stellen des Textes ein Komma zu setzen ist. Die möglichen Stellen für Kommas sind durch Klammern angegeben. Wenn deiner Meinung nach kein Komma angebracht ist, setze bitte deutlich eine Null in die Klammer.
Beispiel: Ich denke (   ) dass das Wochenende (   ) mit dir sehr schön sein wird.
Lösung: Ich denke (,) dass das Wochenende (0) mit dir sehr schön sein wird.

- Im Zusammenhang mit der steigenden Arbeitslosenzahl (   ) nehmen die Auseinandersetzungen mit ausländischen Mitarbeitern (   ) vor allem innerhalb der Großunternehmen (   ) beträchtlich zu.
- Wir gehen davon aus (   ) nun unsererseits (   ) alles getan zu haben (   ) um Ihre Zustimmung zu erhalten.
- Sicherlich ist es nicht leicht (   ) und vielleicht sogar eine Gefahr (   ) Vorhersagen auf diesem Gebiet zu wagen (   ) dennoch halten wir eine Prognose für erforderlich.
- Eine abschließende Bewertung der hier vorgestellten Verfahren (   ) ist auf den letzten Seiten zu finden.
- Es wurde immer heißer (   ) aber die Sonne (   ) die nicht anders konnte (   ) wollte nicht mehr aufhören zu scheinen.
- Er dachte nach (   ) und dachte nach. Sie bestiegen die Kutsche (   ) und fuhren nach Hause.

Welches Bild ist das nächste? – Einstellungstests zum logischen Denken

Das musst du wissen

Bei Aufgaben in Einstellungstests zum **logischen Denken** geht um das **Erkennen von Zusammenhängen** und um die **Fähigkeit, von Einzelfällen und Beispielen ausgehend auf eine dahinter stehende allgemeine Regel oder Gesetzmäßigkeit zu schließen**. Im Folgenden kannst du dies mithilfe von Aufgaben zur Überprüfung des logischen Denkens aus Einstellungstests üben.

1. Im folgenden Beispiel siehst du in drei Kästchen eine „Blume", die sich von einer mittleren Position immer mehr nach links neigt. Das vierte Kästchen ist leer. Deine Aufgabe ist es, von den angegebenen sechs Lösungsmöglichkeiten darunter (a, b, c, d, e oder f) das Kästchen zu benennen, das die Dreierreihe als viertes Bild sinnvoll ergänzt.

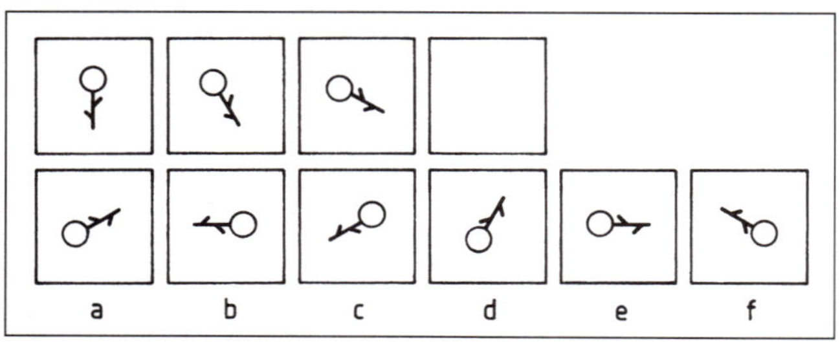

Bei dem Beispiel ist die richtige Lösung das Kästchen e. Es ergänzt die drei vorhandenen Kästchen sinnvoll, da es eine noch etwas weiter nach links geneigte „Blume" darstellt.

Löse nun die folgenden acht Übungsaufgaben wie im Beispiel beschrieben. Du hast dafür 4 Minuten Zeit.

1

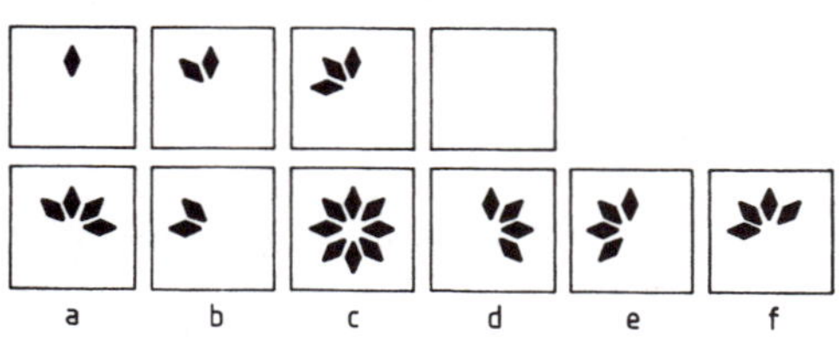

2

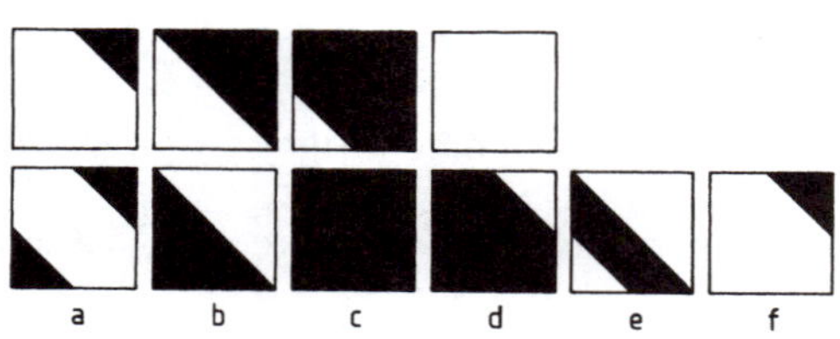

3

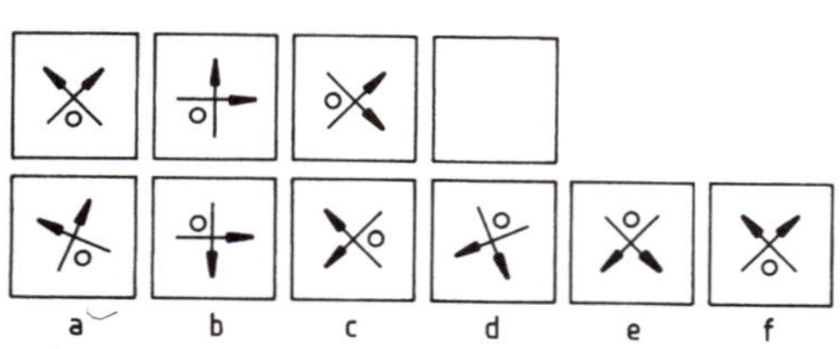

4 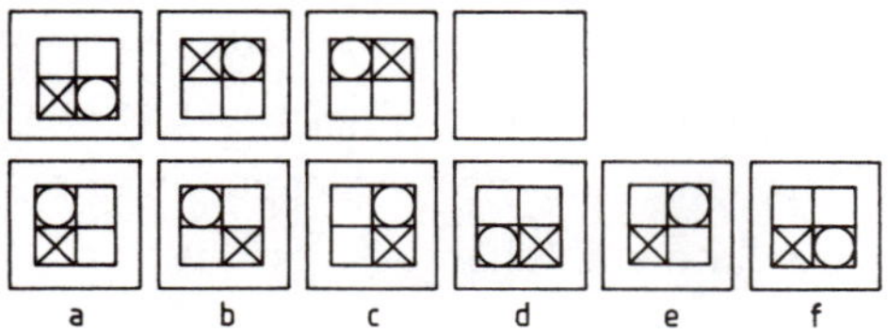

5 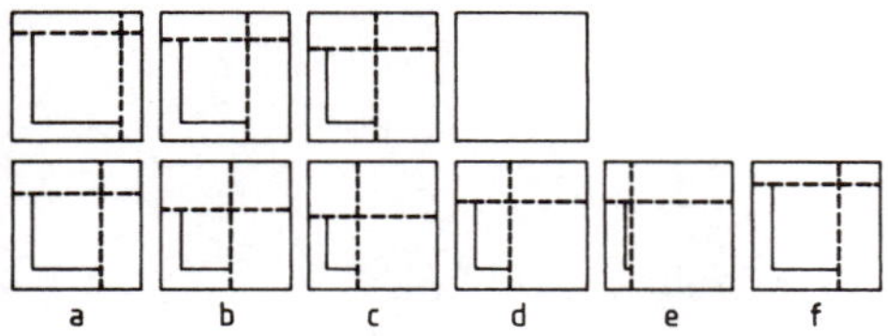

6 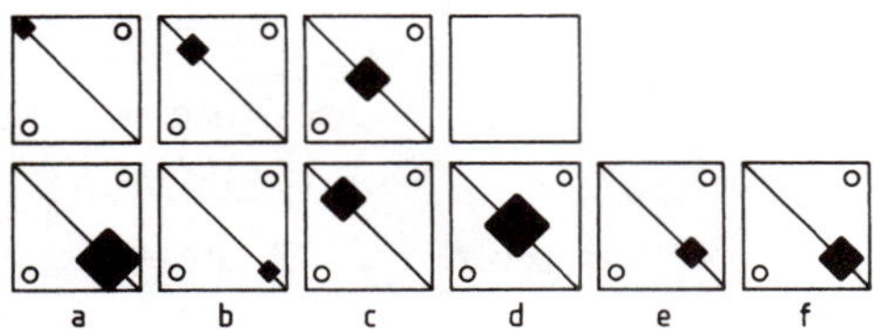

7 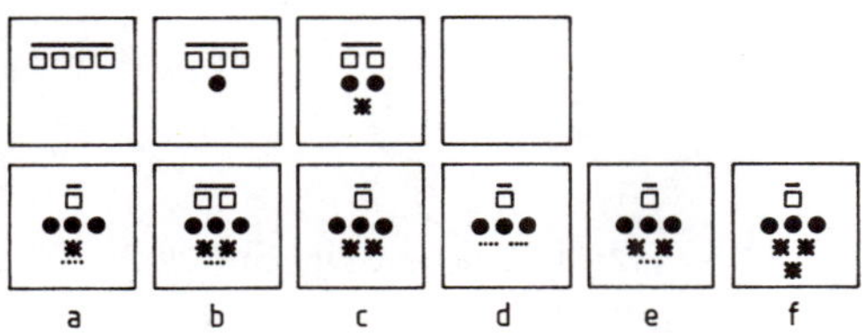

2. Bei den folgenden Zahlenreihen musst du die letzte Zahl sinnvoll ergänzen.
Beispiel: [4] [6] [9] [13] [18] [ ] ?
Dass die Lösung in dem Beispiel 24 ist, bekommst du heraus, wenn du die Werte zwischen den Zahlen berechnest.
[4] (+2) [6] (+3) [9] (+4) [13] (+5) [18] (+6) [24]

a) 5 10 14 17 19 ?

b) 7 9 6 10 5 ?

c) 10 5 50 25 250 ?

d) 78 26 24 8 6 ?

e) 5 2 7 9 16 25 ?

3. Bei dieser Aufgabe wird ein Verhältnis in einem Satz ausgedrückt. Dabei muss nicht nur das vierte Wort (mit dem das Parallelverhältnis gebildet wird), sondern auch das erste Wort gesucht werden. Deine Aufgabe ist es, die Sätze mit einer der vorgegebenen Kombinationsmöglichkeiten (a–e) so zu ergänzen, dass ein Sinn entsteht.

Beispiel: ... verhält sich zu miauen, wie Hund zu ...

A jagen	1 Katze	a) D 1
B Katze	2 bellen	b) C 3
C bellen	3 Knochen	c) B 2
D Maus	4 knurren	d) A 4
Lösung:	c (= B 2)	e) B 4

Nur mit der Kombination c) ergibt sich ein sinnvolles Verhältnis:
Katze (B) verhält sich zu miauen wie Hund zu bellen (2).
Löse die folgenden acht Aufgaben in vier Minuten.

1 ... zu Frau wie Junge zu ...

A Mann	1 Kind	a) A 1
B Junge	2 Mädchen	b) C 2
C Herr	3 Frau	c) A 2
D Eltern	4 Schüler	d) D 4
		e) B 3

Lösung: __________

2 ... zu nichts wie viel zu ...

A jeder	1 nichts	a) B 1
B alles	2 keiner	b) A 2
C viel	3 niemals	c) B 4
D mehr	4 wenig	d) C 1
		e) D 3

Lösung: __________

3 ... zu Gramm wie Länge zu ...

A Kilo	1 Geschwindigkeit	a) B 2
B Pfund	2 Entfernung	b) D 2
C wiegen	3 Meter	c) D 3
D Gewicht	4 Abstand	d) C 4
		e) A 1

Lösung: __________

4 ... zu Religion wie Pazifist zu ...

A Kirche	1 Krieg	a) D 1
B gläubig	2 Frieden	b) C 4
C Atheist	3 Gewalt	c) A 3
D Kommunist	4 Militär	d) C 1
		e) B 3

Lösung: __________

5 ... zu Buch wie Ouvertüre zu ...

A Kritik	1 Einleitung	a) A 1
B Nachwort	2 Theater	b) B 2
C Kapitel	3 Anfang	c) C 4
D Vorwort	4 Oper	d) D 4
		e) D 2

Lösung: __________

6 ... zu Krankheit wie Schweiß zu ...

A Tablette	1 Lob	a) A 1
B Arzt	2 Anstrengung	b) B 2
C Thermometer	3 Chef	c) D 4
D Fieber	4 Erfolg	d) D 2
		e) C 1

Lösung: __________

7 ... zu Finanzamt wie Gewerbeaußendienst ...

A Steuerberater	1 Kriminalpolizei	a) A 2
B Steuerfahndung	2 Verbrechen	b) B 3
C Steuer	3 Polizei	c) C 4
D Lohnsteuer	4 Rauschgift	d) D 2
		e) C 1

Lösung: __________

8 ... zu Herz wie Takt zu ...

A Blut	1 Musik	a) C 3
B Pumpe	2 Musiker	b) C 1
C Pulsschlag	3 Dirigent	c) A 4
D Leben	4 Komposition	d) D 3
		e) B 4

Lösung: __________

Textquellenverzeichnis

(Die Ziffern in Klammern verweisen auf die Lösungsbeilage.)

S. 5: Tanja Zimmermann: Eifersucht. Aus: Total verknallt, hg. von Martin Bolte, Rowohlt Verlag, Reinbek bei Hamburg 1984, S. 56; **S. 15:** Joseph von Eichendorff: Das Ständchen. Aus: ders.: Werke in einem Band, 3. Aufl., Hanser, München 1984, S. 198; **S. 19:** Joseph von Eichendorff: Nachtlied. Aus: ders.: Werke in einem Band, 3. Aufl., Hanser, München 1984, S. 272 f.; **S. 24:** Cornelia Goethe. Aus: www.cornelia-goethe-akademie.de/goethe.html [Aufruf: 20.2.2015]; **S. 27:** Gandhi. Copyright © 2004 – 2006 Medienwerkstatt Mühlacker Verlagsgesellschaft mbH, www.medienwerkstatt.de; **S. 28:** Kathrin van Booth: Ein Mann besiegt eine Weltmacht. Aus: TREFF Jugendbuch 1992, Velber Verlag, Seelze; **S. 38:** Sylvia Löhrmann: Rede anlässlich der Auszeichnung des Fußball-Bundesligisten Borussia Mönchengladbach durch die „Israelstiftung in Deutschland" mit dem Zukunftspreis 2014. Aus: www.schulministerium.nrw.de/docs/bp/Ministerium/Presse/Reden/Reden-2014/index.html [Aufruf: 20.2.2015]; **S. 46:** Wörterbuchauszug. Aus: Duden. Die deutsche Rechtschreibung, 25. Aufl., Bibliographisches Institut & F. A. Brockhaus AG, Mannheim 2009, S. 436 f.; **S. 47:** Wörterbuchauszug. Aus: Wahrig. Deutsches Wörterbuch, wissenmedia Verlag, Gütersloh/München 2008, S. 594; **S. 48 (12):** Der Mann, der das Rückwärtsspringen erfand. Nach: www.laurentinews.de/olympia-kurios [Aufruf: 20.2.2015]; **S. 50 (13):** Neuer Party-Trend. Nach: dpa-Meldung vom 14.7.2007; **S. 56:** Wörterbuchauszug „Euterpe – Evergreen". Aus: Duden. Die deutsche Rechtschreibung, 24. Aufl., Bibliographisches Institut & F. A. Brockhaus AG, Mannheim 2006, S. 385; **S. 62 (17):** Abora III – Im Schilfboot über den Atlantik. Nach: www.wasistwas.de/archiv-geschichte-details/abora-iii-im-schilfboot-ueber-den-atlantik.html; jj, 2.7.2007 [Aufruf: 20.2.2015]; **S. 65 – 68 (18 f.):** „Mit Haut und Haaren" – „in Saus und Braus". Nach: Wolfgang Seidel: Woher kommt das schwarze Schaf? Was hinter unseren Wörtern steckt, Deutscher Taschenbuch Verlag, München 2007, S. 223 f., S. 51 ff. (leicht geändert); **S. 72 (20):** Kuriositäten der Fußball-WM in Brasilien. Aus: www.abendblatt.de/sport/fussball/wm-2014/article128983329/Das-sind-die-Kuriositaeten-der-Fussball-WM-in-Brasilien.html [Aufruf: 20.2.2015]; **S. 72:** Japanische Putzkolonne begeistert Brasilien. Aus: www.rp-online.de/sport/fussball/wm/andere-teams/japanische-putzkolonne-begeistert-brasilien-aid-1.4327441, sid [Aufruf: 20.2.2015]; **S. 96 (29):** Katharina Iskander: Der die Erde lesen kann. Nach: www.faz.net/aktuell/beruf-chance/archaeologie-der-die-erde-lesen-kann-1278583.html [Aufruf: 20.2.2015]; **S. 96 (29):** Archäologie als Beruf. Nach: www.br-online.de/kinder/fragen-verstehen/wissen/2011/03313/ [Aufruf: 20.2.2015]; **S. 97 (29):** Jens Rehländer: Beruf: Archäologe. Nach: www.geo.de/GEOlino/mensch/berufe/beruf-archaeologe-1074.html [Aufruf: 20.2.2015]; **S. 98 – 103, 106:** Einstellungstest zum Bereich Sprache, Rechtschreibung, Zeichensetzung. Nach: Jürgen Hesse/Hans Christian Schrader: Testtraining für Ausbildungsplatzsucher. Hilfe bei Bewerbung, Tests und Vorstellungsgespräch, Fischer Taschenbuch, Frankfurt/M. 2001, S. 127 ff.

Bildquellenverzeichnis

|A1PIX – Your Photo Today, Ottobrunn: 63. |akg-images GmbH, Berlin: 95. |Artothek, Weilheim: 15. |Berghahn, Matthias, Bielefeld: 5, 66. |Caro Fotoagentur, Berlin: Andreas Riedmiller 92. |Fotofinder GmbH, Berlin: Only World/images.de 81. |fotolia.com, New York: photosnic 33. |Imago, Berlin: Kicker 39. |Kassing, Reinhild, Kassel: 70. |Picture-Alliance GmbH, Frankfurt/M.: 80; akg-images 29, 82; akg-images/Archiv Peter Ruehe 30; akg-images/Erich Lessing 97; Arcaid 78; dpa 24, 27, 48, 57, 59, 72, 89, 89; FineArtImages/Leemage 73; KPA/HIP/Ann Ronan Picture Library 30; Rainer Hackenberg 91; Xinhua 49; ZB/euroluftbild 94. |S. Fischer Verlag GmbH, Frankfurt/Main: Aufgaben aus Jürgen Hesse/Hans Christian Schrader, Testtraining für Ausbildungsplatzsucher. © Fischer Taschenbuch Verlag GmbH, Frankfurt am Main 1985 104, 104, 104, 104, 105, 105, 105, 105. |SPIEGEL-Verlag Rudolf Augstein GmbH & Co. KG, Hamburg: SPIEGEL 33/2008 31. |Thomson Reuters (Markets) Deutschland GmbH, Berlin: Toru Hanai 72. |ullstein bild, Berlin: Westend61 / Wilf 61. |vario images, Bonn: 31. |Verlag Kiepenheuer & Witsch GmbH & Co. KG, Köln: Josef Gens: Grabungsfieber, Kiepenheuer & Witsch 2013 90. |Visum Foto GmbH, Hannover: Alfred Büllesbach 76. |© dtv Verlagsgesellschaft, München, München: Wolfgang Seidel, „Woher kommt das schwarze Schaf? Was hinter unseren Wörtern steckt“, München, Deutscher Taschenbuch Verlag, München 2013 65.

„Eifersucht“ – eine Kurzgeschichte beschreiben und deuten

Seite 5/6 **1./2.**

Z. 1–8: negative Beschreibung Kirstens/Gespräch zwischen Kirsten und dem Jungen/Ich-Erzählerin denkt, dass Kirsten mit dem Jungen flirtet/Neid der Erzählerin auf Kirsten

Z. 9–14: Annäherung zwischen Kirsten und dem Jungen/der Junge legt den Arm um Kirsten/Ich-Erzählerin hält die Situation nicht mehr aus und flieht/Selbstmitleid und Rachegedanken der Ich-Erzählerin

Z. 13–16: der Junge und die Ich-Erzählerin verlassen die Party/Erleichterung der Ich-Erzählerin/negatives Urteil des Jungen über Kirsten/Reaktion der Erzählerin/die Ich-Erzählerin erkennt ihre unbegründete Eifersucht/Scham und Zurücknahme der vorherigen negativen Aussagen über Kirsten

Seite 6 **3.** Zutreffend sind die Aussagen: a) und c).

Seite 7 **1.** Autor: Tanja Zimmermann Titel: Eifersucht Textsorte: Kurzgeschichte
Erscheinungsjahr: 1984 Ort: Diskothek/Party Zeit: Gegenwart (bzw. 1990er-Jahre)
Inhalt/Handlungsüberblick: Ich-Erzählerin und Junge gehen zusammen aus/Zusammentreffen mit Kirsten, einer Bekannten/Kirsten flirtet mit dem Jungen/Ich-Erzählerin geht auf die Toilette/Ich-Erzählerin und der Junge verlassen die Diskothek oder Party/Aussprache über Kirsten/Einsicht der Ich-Erzählerin in ihre unbegründete Eifersucht

Seite 7 **2.** Zutreffend sind die Aussagen b), c) und d).

Seite 7 **3.** Die Kurzgeschichte „Eifersucht“ von Tanja Zimmermann wurde 1984 veröffentlicht. Die Kurzgeschichte spielt in der Gegenwart und handelt von einer Eifersuchtsszene auf einer Party oder während eines Diskothekenbesuches. In der Kurzgeschichte wird erzählt, dass die Ich-Erzählerin mit einem Jungen zusammen eine Party oder Diskothek besucht. Hier treffen sie eine gemeinsame Bekannte, ein Mädchen namens Kirsten. Kirsten flirtet mit dem Jungen. Dies macht die Ich-Erzählerin so wütend, dass sie Kirsten innerlich beschimpft und auf die Toilette flieht, weil sie die Annäherungsversuche Kirstens und die anscheinend positive Reaktion des Jungen nicht erträgt. Als sie von der Toilette kommt, fragt der Junge, ob sie mit ihm die Party oder die Diskothek verlassen wolle. Die Ich-Erzählerin fragt ihn, was mit Kirsten sei. Der Junge antwortet, dass er Kirsten nicht attraktiv finde. Darauf schämt sich die Ich-Erzählerin über ihre unbegründete Eifersucht und sagt, dass sie Kirsten eigentlich ganz nett fände.

Seite 8 **1.** **Ich-Erzählerin – Kirsten:** Neid/Gefühl der Unterlegenheit in Bezug auf die Attraktivität/Wut .../Kirsten beachtet die Ich-Erzählerin nicht ...
Ich-Erzählerin – Freund der Ich-Erzählerin: Angst der Ich-Erzählerin, ihn zu verlieren/Eifersucht/Zweifel an seinem Interesse an ihr .../Treue des Jungen am Ende/Sympathie- bzw. Liebesbeweis
Kirsten – Freund der Ich-Erzählerin: Kirsten flirtet mit dem Jungen/Interesse .../kein Interesse des Jungen an Kirsten/Ablehnung ihres extrovertierten Gehabes ...

Seite 8 **2.** Eine mögliche Lösung könnte folgendermaßen aussehen:

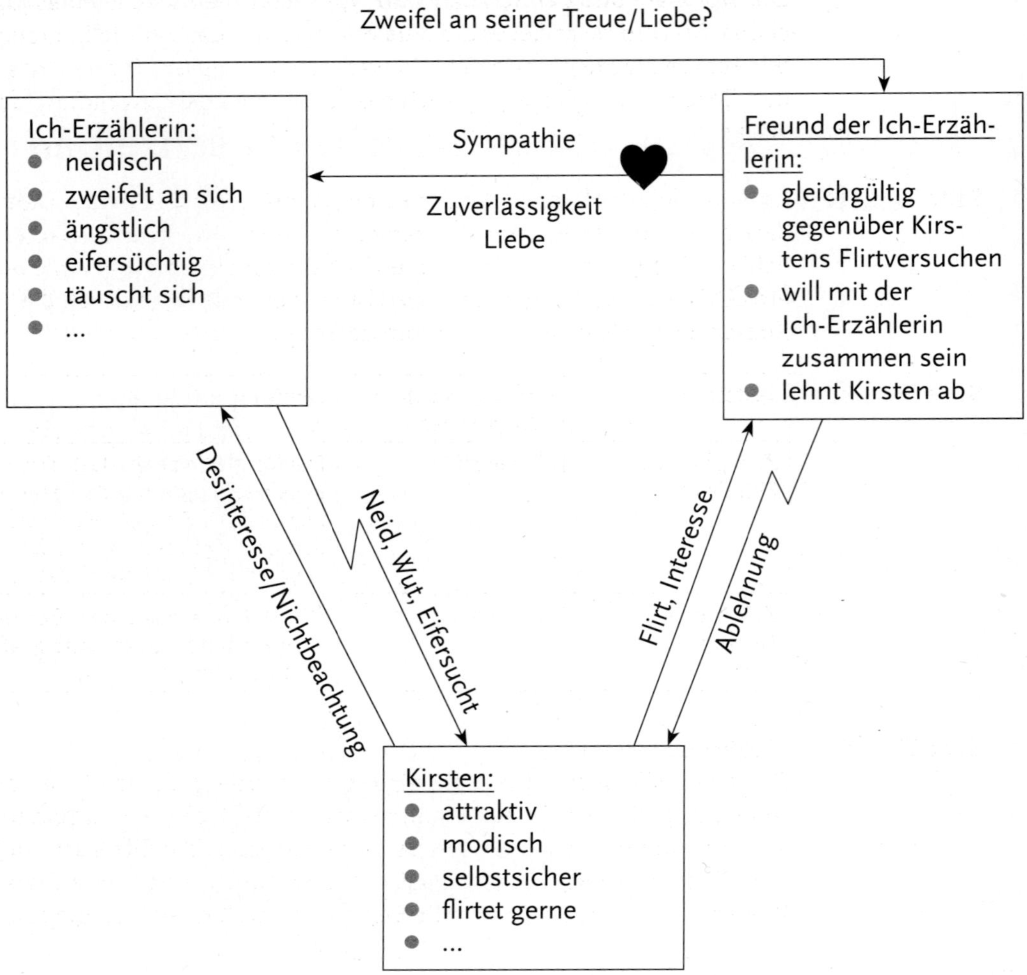

Seite 9 **1.** Zutreffend sind die Aussagen b), e) und f).

Seite 9 **2.** **Mögliche Lösung:**
Bei der Kurzgeschichte handelt es sich um eine Ich-Erzählung. Die Ich-Erzählerin tritt selbst in Erscheinung. Das Erzählverhalten ist personal, weil der Leser nur die Wahrnehmungen, Gedanken und Gefühle der Erzählerin mitgeteilt bekommt. Es wird durchgängig in der Innensicht in Form des inneren Monologs davon erzählt, wie die Ich-Erzählerin die Begegnung mit Kirsten erlebt.
Durch diese Erzähltechnik kann sich der Leser besonders gut mit der Ich-Erzählerin und ihrer Situation identifizieren. Er erlebt so die Eifersucht, die Ängste, den Neid sowie die Einsicht in deren Unbegründetheit unmittelbar – sozusagen „live" – mit.

Seite 10 **1.** Folgende Beispiele zeigen, dass der Text die Form eines inneren Monologes besitzt:
Z. 6: „Besser als ich" (Ellipse)
Z. 9: „Und der redet mit der ... stundenlang" (Satzunterbrechung/unkorrekter Satzbau)
Z. 12 f.: „Auf dem Klo ... könnte kotzen"/Z. 12 f.: „Genau, ich müsste ... zu unterhalten" (teilweise elliptische und nicht durch Konjunktionen verbundene Parataxen) u. a. ...

Seite 10 **2.** Folgende Textstellen zeigen die umgangssprachliche Wortwahl der Kurzgeschichte:
Z. 3: „von nix und wieder nix"/Z. 4: „wie 'ne"/Z. 9: „Und der redet mit der ..."/Z. 9: „Nee"/Z. 13: „ich könnte kotzen"/Z. 17: „An der Tür frage ich,"/Z. 19: „Och, ich find' die ganz nett, eigentlich" u. a. ...

Seite 10 **3.** **Mögliche Lösung:**
Die Wortwahl und der Satzbau sind typisch für die Sprache eines jugendlichen Mädchens. So wird beim Leser die Illusion verstärkt, dass er die Eifersuchtsszene direkt aus der Perspektive der Ich-Erzählerin wahrnimmt. Dieser Eindruck des direkten Erlebens des Geschehens wird noch durch die durchgehende Verwendung des Präsens verstärkt.

Seite 11 **4.** Es wird wiederholt, dass Kirsten keine „Ahnung von nix" habe. Damit wird ein Gegensatz zwischen der äußeren Attraktivität Kirstens und ihrer charakterlichen Oberflächlichkeit aufgebaut. Die Ich-Erzählerin charakterisiert Kirsten einleitend einerseits als attraktiv, relativiert dieses positive Urteil aber, indem sie durch die Wiederholung Kirsten als zugleich äußerst dumm darstellt.

Seite 11 **5.**

Textstelle	Art des sprachlichen Bildes	Deutung
Z. 4: „wie 'ne Filmdiva"	Vergleich	Der Vergleich zeigt, dass Kirsten nicht nur gut aussieht, sondern sich dieser Attraktivität auch bewusst ist. Sie tritt selbstbewusst und selbstsicher auf, ist es gewohnt, von anderen bewundert zu werden und im Mittelpunkt zu stehen.
Z. 17: „eine Nervtante"	Metapher	Die Metapher zeigt, dass der Freund der Ich-Erzählerin Kirsten für geschwätzig, affektiert und oberflächlich hält.

Seite 11 **6.** **Mögliche Lösung:**
Der Titel „Eifersucht" stellt das eigentliche Problem der Ich-Erzählerin heraus. Sie hat Angst, dass Kirsten ihr den Freund wegnimmt. Deshalb verurteilt und beschimpft sie Kirsten innerlich. Am Ende stellt sich heraus, dass die Eifersucht unbegründet ist. In dem Titel schwingt aber mit, dass die Ich-Erzählerin trotz ihrer Verachtung gegenüber Kirsten auch eifersüchtig auf die Eigenschaften Kirstens ist, die selbst sie nicht besitzt.

Seite 12 **1./2.** Individuelle Lösungen

Seite 13 **1.**

- Die Ich-Erzählerin ist neidisch auf Kirsten (vgl. Z. 5 ff.).
- Die Ich-Erzählerin ist eifersüchtig auf Kirsten (vgl. Z. 9 ff.).
- Die Ich-Erzählerin empfindet ihr Aussehen als weniger attraktiv gegenüber dem Aussehen Kirstens (vgl. Z. 12 f.).
- Im Gegensatz zu der Annahme der Ich-Erzählerin hat ihr Freund kein Interesse an Kirsten (vgl. Z. 17).

Seite 13 **2.**

- Der erste Gedanke der Ich-Erzählerin, „Diese Tussi!" (Z. 1), zeigt, wie sehr sie ihre Anwesenheit auf der Party stört.
- Indem er Kirsten als „Nervtante" (Z. 17) bezeichnet, macht der Junge deutlich, dass er kein Interesse an Kirsten hat.
- Die Ich-Erzählerin hat das Gefühl, weniger attraktiv als Kirsten zu sein (vgl. Z. 5 ff. und Z. 12).
- Wie wenig die Ich-Erzählerin mit ihrem Aussehen zufrieden ist, zeigt sich, als sie auf dem Klo in den Spiegel schaut und ihre Augen „widerlich" (Z. 12) findet.
- Als die Ich-Erzählerin beobachtet, wie sich ihr Freund Kirsten gegenüber verhält, wird ihre Eifersucht deutlich. (vgl. Z. 9 f.).
- Mit der letzten Aussage der Ich-Erzählerin „Och, ich find' die ganz nett, eigentlich" (Z. 19) macht die Ich-Erzählerin ihre Erleichterung deutlich.

Strophe für Strophe – ein Gedicht beschreiben und deuten

Seite 16 **1.** **Mögliche Lösung:**
erste Strophe: romantische Stimmung: Natur, Nacht, Mondschein/Student singt für ein geliebtes Mädchen/singender Student steht vor dem Haus des Mädchens ...
zweite Strophe: Geräusche von Brunnen und Bäumen/Erinnerung des lyrischen Ichs an alte und schöne Zeiten ...
dritte Strophe: Erinnerung an Jugendzeit: lyrisches Ich = wie der Student in Sommernächten gesungen, Laute gespielt und lustige Lieder erfunden
vierte Strophe: Erinnerung an Begräbnis der Geliebten/Aufforderung zu Singen an Studenten

Seite 16 **2.**
a) Die Szene, die das lyrische Ich darstellt, spielt am Abend/in der Nacht.
b) Ein Student singt ein Lied für seine Geliebte.
c) Das lyrische Ich beobachtet einen Studenten auf der Straße, der vor dem Haus seiner Geliebten singt.
d) Das lyrische Ich beschreibt das Rauschen der Brunnen und der Bäume.
e) Das lyrische Ich denkt an die Vergangenheit bzw. an alte und schöne Zeiten.
f) In seiner Jugend spielte das lyrische Ich selbst ein Instrument und dachte sich Lieder aus.
g) Die Geliebte des lyrischen Ichs ist bereits verstorben.
h) Das lyrische Ich fordert den Studenten auf, weiterzusingen.

Seite 17 **3.**
a) Es ist Abend bzw. Nacht, der Himmel ist bewölkt. Zwischen den Wolken schaut der Mond hervor.
b) Das lyrische Ich beobachtet einen Studenten, der vor der Tür seiner Geliebten singt.
c) Das lyrische Ich beschreibt die Geräusche, die es in diesem Moment hört, nämlich das Rauschen der Brunnen und des Waldes. Diese Geräusche erinnern es an die Vergangenheit, mit der es positive Erinnerungen verbindet.
d) Atmosphäre und Stimmung in den ersten beiden Strophen sind insgesamt positiv, emotional und sentimental.

Seite 17 **4.** In seiner Jugend hat das lyrische Ich selbst Musik gemacht (Laute gespielt) und Lieder gedichtet oder komponiert. Die Erinnerung daran verbindet das lyrische Ich mit Sommernächten und schönen Erlebnissen.

Seite 17 **5.** Die Konjunktion deutet an, dass ein Gegensatz zur vorangegangenen Strophe folgt. Die Geliebte, für die das lyrische Ich die in Strophe 3 erwähnte Musik machte, ist schon seit längerer Zeit tot und begraben.

Seite 18 **6.** **Mögliche Deutungen:**
Die Aufforderung steht im Gegensatz zu den traurigen Erinnerungen des lyrischen Ichs. Der fröhliche Student, dessen Geliebte noch lebt, soll für diese weitersingen. Dies lässt sich z. B. folgendermaßen deuten:

- Das lyrische Ich wünscht dem Studenten, er solle sein momentanes Glück genießen, weil es weiß, dass es enden kann.
- Das lyrische Ich gewinnt aus seinen traurigen Erinnerungen die Einsicht, man solle immer im Moment leben.
- Der Anblick des Studenten und seiner Liebe tröstet das lyrische Ich über den eigenen Verlust.
- ...

Seite 18 **7.** **Mögliche Deutungen:**
Beide Elemente sind in diesem Gedicht vorhanden:

- Da sich das lyrische Ich an die verstorbene Geliebte erinnert, handelt das Gedicht von Liebesschmerz.
- Der Student mit seinem Liebesgesang steht für das Liebesglück.

Seite 18 **8.** Individuelle Lösung

Seite 19 **1.** Das Gedicht besteht aus vier Strophen. Jede dieser Strophen umfasst vier Verse, sodass das Gedicht insgesamt 16 Verse hat.

Seite 19 **2.** abab cdcd efef ghgh

Seite 19 **3.** In der ersten Strophe des Gedichts „Das Ständchen" von Joseph von Eichendorff liegt das Reimschema abab vor, es wird also ein Kreuzreim verwendet.

Seite 19 **4.** Die folgenden Aussagen treffen zu:
- Das Reimschema in der zweiten Strophe ist ein Kreuzreim.
- In allen vier Strophen reimen sich der 1. und 3. sowie der 2. und 4. Vers.
- Das Reimschema der vierten Strophe entspricht dem der dritten Strophe.

Seite 19 **5.** Reimschema: Paarreim (aabb)

Seite 20 **1.** Anapher

Seite 20 **2.** Es wirkt wie eine Aufzählung und eine Verbindung zwischen den Versen und Strophen wird deutlich gemacht. So wird auf der Ebene der sprachlichen Gestaltung die Verbindung bzw. Gemeinsamkeiten zwischen dem lyrischen Ich und dem Studenten verdeutlicht.

Seite 20 **3.**

Beispiele aus dem Text	Sprachliches Mittel	Wirkung/Deutung
„stille Einsamkeit" (V. 6) „stillen Schwelle" (V. 13)	Wiederholung	Hervorhebung der Stille/Atmosphäre von Stille und Einsamkeit/wirkt zugleich positiv wie auch traurig = Verweis auf das Liebesglück des Studenten und des lyrischen Ichs + die traurigen Erinnerungen des lyrischen Ichs
„Wie in alter, schöner Zeit./So in meinen jungen Tagen (V. 8–9)	Kontrast alt – jung	verschiedene Zeitebenen machen deutlich: Jugend des lyrischen Ichs liegt lange Zeit zurück; Gegensatz zwischen dem momentanen Glück des Studenten und dem traurigen Ende der Liebe des lyrischen Ichs
„Auch die Laute [...]/ Und manch lustges Lied [...]" (V. 11–12)	Alliteration	Verbindung zwischen den Wörtern, die alle mit Musik zu tun haben/fröhliche Stimmung, die zu den positiven Erinnerungen passt
„Singe, sing nur immer zu" (V. 16)	Wiederholung	Betonung der Aufforderung an den Studenten/Verdeutlichung, wie wichtig dem lyrischen Ich das Singen des Studenten ist

Seite 21 **4.**
a) Alliteration: verbindet die beiden Wörter, die alliterieren, zeigt die Entfernung bis zu dem Wald
b) Anapher: verbindet die beiden Verse, in denen es jeweils um Musik geht
c) Alliteration: verbindet die Beteiligten und den Vorgang, der sich zwischen ihnen abspielt
d) Kontrast: zeigt widersprüchliche Gefühlsregungen, die zur selben Zeit vorhanden sein können

Seite 22 **1.** Das Gedicht „Das Ständchen" wurde von Joseph von Eichendorff verfasst und ist 1833 zum ersten Mal erschienen.

Seite 22 **2.** Das Gedicht handelt von den Erinnerungen des lyrischen Ichs an seine Jugend und seine frühere Liebe.

Seite 22 **3.** Individuelle Lösung

Seite 23 **4.** Individuelle Lösung

Seite 23 **5.**

- volksliedhafter, einfacher Aufbau: Das Gedicht umfasst 4 Strophen mit je 4 Versen, das Reimschema ist ein Kreuzreim.
- Abend/Nacht als wichtige Motive: Vor allem in der ersten und dritten Strophe werden die Motive Abend, erkennbar an der Erwähnung des Mondes, und Nacht deutlich (vgl. V. 10). Beide sind wichtig für die emotionale und sentimentale Atmosphäre in dem Gedicht.
- Liebe als Thema, verbunden mit Motiv Sehnsucht: Schon in der ersten Strophe wird das Thema Liebe deutlich, da der Student als Liebesbeweis ein Lied für seine „Liebste" (V. 4) singt. In der vierten Strophe erinnert sich das lyrische Ich an seine verstorbene Geliebte. Seine Erinnerungen (vgl. Strophe 3) machen seine Sehnsucht deutlich.

Berühmte Persönlichkeiten – mit Sachtexten umgehen

Seite 25 **1./2.**

Textabschnitt	Zeile
Das tragische Schicksal einer begabten Frau	Z. 1 – Z. 15
Das besondere Verhältnis zum Bruder	Z. 16 – Z. 27
Keine Partnerin, sondern Schülerin	Z. 28 – Z. 37
Das Tagebuch als literarisches Zeugnis	Z. 38 – Z. 44
Die Cornelias Goethe Akadmie	Z. 45 – Z. 48

Seite 26 **3.**

a) Cornelia Goethe verstand viel vom Schreiben. Deshalb war ihrem Bruder Johann Wolfgang von Goethe das „Urteil" (Z. 6) und der „kluge Rat" (Z. 36) seiner Schwester zu seinen Werken sehr wichtig.

b) Von Cornelia Goethe wurde erwartet, dass sie die „traditionelle Frauenrolle" (Z. 15) erfüllte. Sie musste sich deshalb um den Haushalt kümmern und vor allem ihrem Mann dienende Ehefrau sein. Im 18. Jahrhundert war es sehr schwer für Frauen, wie die Männer außerhalb der Familie und des Haushaltes tätig zu sein. Deshalb konnte Cornelia Goethe keine Karriere als Schriftstellerin machen.

c) Das Verhältnis der beiden Geschwister wurde zunehmend komplizierter. Johann Wolfgang von Goethe übernahm immer mehr die Vorstellungen seiner Zeit darüber, wie Frauen und Männer zu leben hätten. Er erwartete, dass Cornelia sich ihm unterordnete und sie „nach den Regeln einer Frau lebte" (Z. 24). Zugleich erwartete er, dass er und seine Schriftstellerei im Mittelpunkt des Lebens seiner „geliebten Schwester" (Z. 25) stehen sollten. Deshalb brach er „tief verletzt" (Z. 27) nach der Heirat Cornelias den Kontakt zu seiner Schwester ab.

d) Das „geheime Tagebuch aus ihrer Jugendzeit" (Z. 40 f.) ist das einzige Zeugnis, das von dem literarischen Talent Cornelia Goethes geblieben ist. Es zeigt, was Cornelia Goethe hätte leisten können, wenn sie die Möglichkeit gehabt hätte, „ihre Potenziale zu entfalten" (Z. 43 f.).

Seite 26 **4./5.** Individuelle Lösung

Seite 28 **1./2.** Das Außergewöhnliche von Mahatma Gandhi besteht darin, dass er mit seinem Aufruf zum gewaltlosen Widerstand einen entscheidenden Beitrag dazu geliefert hat, dass die Kolonialmacht Großbritannien Indien in die Unabhängigkeit entlassen hat. Von seinen Anhängern wurde Gandhi fast wie ein Heiliger verehrt und man gab ihm den Ehrennamen „Mahatma“, große Seele.

Seite 29 f. **2.–4.** **Lebensumstände der Inder in Südafrika**

- wurden von den Weißen diskriminiert: Sie durften nicht im Personenwaggon der Eisenbahn mitfahren, sondern nur im Gepäckwagen – wie eine Sache
- wurden von den Weißen verachtet und beleidigt
- waren in den Augen der Weißen nicht mehr wert als Haustiere

Die besondere Lebensleistung von Mahatma Gandhi

- hat unsere Welt und unser Denken verändert
- hat sich für die Armen und Unterdrückten eingesetzt
- hat seine Ziele durch den gewaltlosen Widerstand erreicht
- ist für viele Menschen zum Vorbild geworden

Die Herkunft Gandhis – seine Eltern, seine Jugend

- 1869 in Indien geboren
- sein Vater war ein reicher und einflussreicher Politiker
- seine Mutter war eine einfache, nach strengen religiösen Vorschriften lebende Frau
- ging als Jugendlicher nach England und ließ sich als Jurist ausbilden

Seine „Kampfmethode“ gegen den Unrechtsstaat Südafrika und gegen die Kolonialmacht England in Indien

- glaubte, dass Gewalt nur Gegengewalt erzeugt, und rief zum gewaltlosen Widerstand auf
- verbrannte seine englische Kleidung und fertigte seine Kleidung selbst an
- rief zum Marsch ans Meer auf, um gegen das Unrecht der Salzsteuer zu protestieren
- hungerte wochenlang, um seine Ziele durchzusetzen

Sein Lebensende

- erlebte noch die Unabhängigkeit Indiens 1947
- wurde 1948 von einem seiner Gegner ermordet

Seite 30 **5.** Zum linken Foto: Das Foto zeigt Gandhi als Rechtsanwalt in Südafrika. Er trägt noch die traditionelle europäische Kleidung.
Zum rechten Foto: Aus Protest gegen die Ausbeutung der Inder durch die Engländer trägt Gandhi nur noch selbst angefertigte, schlichte Kleidung.

Seite 30 **6.** Individuelle Lösung

Macht das Internet dumm? – Argumentieren

Seite 31 **1./2.**

Pro-Argumente	Kontra-Argumente
• Bei Internetrecherchen erhält man über die Suchmaschinen nicht die besten, sondern nur die beliebtesten Seiten zu einem Thema. • Studien zeigen aber, dass man von übermäßigem Internetgebrauch süchtig wird. • Studien zeigen, dass die Gehirnleistung bei übermäßigem Internetgebrauch nachlässt.	• Viel mehr Menschen als früher können sich heute mithilfe des Internets Wissen besorgen und sich weiterbilden. • Die ältere Generation behauptet immer über die Jugend, dass sie dümmer werde. Das war schon bei den alten Griechen so. • Andere Wissenschaftler behaupten allerdings, die modernen Kommunikationsmedien hätten dafür gesorgt, dass unser Gehirn besser und schneller denkt.

Seite 32 **3.** Mögliche weitere Pro- und Kontra-Argumente:

Pro-Argumente	Kontra-Argumente
• Zielloses Surfen führt zu sinnloser Zeitverschwendung. • Das Überangebot an Informationen führt zu großer Desinformation. • Das Internet wird zum Herunterladen und Chatten benutzt und nicht zum Aufbau von Wissen und zur Weiterbildung. • ...	• Noch nie in der Geschichte hatte jeder Einzelne Zugang zu soviel Informationen. • Erleichterung für den Alltag durch das Internet (shoppen, Reisen buchen, überweisen) • Viele Jugendliche lesen und schreiben heute deutlich mehr als ihre Vorgängergeneration • ...

Seite 32 **4.** Individuelle Lösung

Seite 33 **1.** Die neuesten Studien über die Mediennutzung von Jugendlichen zeigen, dass die Jugend jedes Jahr mehr Zeit im Internet verbringt. Täglich surfen sie drei bis vier Stunden. Auch in den Medien wird immer wieder darüber diskutiert, welche Auswirkungen dieser Internetkonsum hat. In einer Ausgabe der Zeitschrift „DER SPIEGEL" wurde sogar auf dem Titelblatt gefragt: „Macht das Internet doof?". Zu dieser Frage, ob das Internet gefährlich ist, weil es die Menschen dumm macht, werde ich im Folgenden meinen Standpunkt darlegen und begründen.
Ich denke dazu, dass ...

Seite 34 **1.** *These/Behauptung (= eigener Standpunkt)*: Ich denke, das Internet macht uns ein Stück weit dümmer.
Argument/Begründung: Viele Menschen infomieren sich nur noch aus dem Internet. Dies hat unsere Lesegewohnheiten so vollständig verändert, dass wir uns z. B. bei politischen Ereignissen nur noch oberflächlich auskennen. Niemand liest mehr Zeitungen oder Internetberichte vollständig durch.
Beispiel/Beleg: Die meisten Schüler, die ich kenne, überfliegen wie ich nur noch die Schlagzeilen auf der Startseite ihres E-Mail-Anbieters. Deshalb kennen sich viele Schüler z. B. bei politischen Ereignissen nur noch oberflächlich aus.
Art des Arguments: Pro-Argument

These/Behauptung (= eigener Standpunkt): Zu sagen, dass das Internet dumm mache, ist sehr einseitig.
Argument/Begründung: Aufgrund der Informationsvielfalt und -geschwindigkeit, die das Internet bietet, sind die Menschen heute in der Lage, Informationen sehr viel schneller zu verarbeiten, als noch vor zwanzig Jahren.
Beispiel/Beleg: Auch der US-Autor Johnson weist darauf hin, dass die modernen Kommunikationsmedien wie das Internet das Gehirn trainierten, besser und schneller zu denken.
Art des Arguments: Kontra-Argument

Seite 35 **2.** Es gibt viele Gründe, warum man annehmen kann, dass das Internet uns dumm macht. Ein wichtiger Grund ist, dass man über das Internet zu jedem Thema ein Überangebot an Informationen erhält. Dies führt dazu, dass die Nutzer am Ende nicht mehr sehen, was wirklich wichtig und richtig ist. Ich habe z. B. ein Referat im Erdkundeunterricht über das Thema Klimawandel gehalten. Zur Vorbereitung zu dem Thema habe ich mithilfe mehrerer Suchmaschinen recherchiert. Das Ergebnis war, dass ich mehrere hunderttausend Seiten angeboten bekommen habe. Nachdem ich ganz viele Seiten besucht hatte, war ich aufgrund der vielen verschiedenen Informationen völlig verwirrt. Am Ende wusste ich gar nicht mehr, was ich überhaupt in meinem Referat den anderen berichten sollte.

Das Internet macht nicht dumm, sondern ist eine Chance für viele Menschen, Wissen zu erwerben. Über das Internet hat jeder Einzelne Zugang zu Wissen. Ich spiele selbst Gitarre. Das meiste habe ich über Youtube-Videos gelernt. Früher hätte ich dafür Musikunterricht nehmen müssen. Einen Gitarrenlehrer hätte ich mir aber nicht leisten können. Ohne das Internet hätte ich nie so Gitarre spielen gelernt, wie ich es heute kann.

Für viele Jugendliche stellt das Internet eine wirkliche Gefahr dar. Sobald sie die Möglichkeit haben, über das Handy ins Netz zu gehen, müssen sie es auch. Viele Jugendliche sind geradezu süchtig danach, im Internet aktiv zu sein, und können es auch in völlig unpassenden Situationen nicht lassen. Z. B. habe ich mit einem Mitschüler ein Praktikum bei einem Heizungsmonteur gemacht. Mein Mitschüler hat sehr viele Probleme mit den Betreuern gehabt, weil er während der Arbeit ständig mit seinem Smartphone beschäftigt war und er nicht in der Lage war, es auszuschalten. Jeden Tag versprach er, dass er während der Arbeit nicht surfen oder Nachrichten abfragen würde. Aber er war so daran gewöhnt, dass er nicht eine Minute nicht ins Netz gehen konnte.

Seite 36/37 **1.–4.** Individuelle Lösung

„Überall auf der Welt wird Fußball gespielt" – eine Rede analysieren

Seite 40 **1.**

a) Wer hält die Rede? **Die nordrhein-westfälische Bildungsministerin Sylvia Löhrmann hält die Rede.**
b) An wen ist die Rede gerichtet? **Die Rede ist an die Landtagspräsidentin, die Mitglieder des Landtages, an den Präsidenten Königs und an alle Fußball- und Borussia-Mönchengladbach-Fans gerichtet.**
c) Zu welchem Anlass wird die Rede gehalten? **Die Rede wird zur Verleihung des Zukunftspreises der „Israelstiftung in Deutschland" an den Fußballbundesligisten Borussia Mönchengladbach gehalten.**
d) Wann wird die Rede gehalten? **Die Rede wurde am 11. Februar 2014 gehalten.**
e) Wo wird die Rede gehalten? **Die Rede wurde im nordrhein-westfälischen Landtag gehalten.**

Seite 40 **2.**

Textabschnitt	zusammenfassende Überschrift
Z. 1–Z. 5	Begrüßung der Vertreter des Landtages und des Sports sowie weiterer Zuhörer
Z. 6–Z. 14	Fußball als Völker verbindende Sportart, die überall auf der Welt mit einfachsten Mitteln gespielt wird
Z. 15–Z. 20	Der Missbrauch des Fußballs während der Zeit des Nationalsozialismus in Deutschland in den Jahren 1933–1945
Z. 21–Z. 32	Durch das Erinnern in eine gemeinsame Zukunft der Freundschaft, des Friedens und der Völkerverständigung schauen
Z. 33–Z. 43	Borussia Mönchengladbachs enge Freundschaft mit Israel
Z. 44–Z. 49	Die heutige Freundschaft zu Israel lebt durch vielfältiges zivilgesellschaftliches Engagement
Z. 50–Z. 57	Botschaft des Zukunftspreises ist Erinnerung für die Zukunft + Dank u. Glückwünsche der Ministerin an Borussia Mönchengladbach

Seite 41 **3.**

a) Fußball kennt weder örtliche noch menschliche Grenzen und verbindet Menschen. Fußball verbindet über kulturelle und religiöse Unterschiede hinweg (vgl. Z. 12–14).

b) Jüdische Funktionäre, Sportler und Trainer wurden aus den Vereinen ausgeschlossen, Fußball war ein Mittel der Ab- und Ausgrenzung (vgl. Z. 19 f.).
c) Der Bundesligist erhält den Zukunftspreis der Israelstiftung (vgl. Z. 26 f.).
d) Seit dem Freundschaftsspiel besteht zwischen Borussia Mönchengladbach und dem Land Israel eine Freundschaft, die nach Johannes Rau „Zuschauer zu Fans" macht (vgl. Z. 41 f.).
e) Die Freundschaft zeichnet Zuversicht und gegenseitiges Vertrauen aus. Dies zeigt sich durch Städtepartnerschaften, gemeinsames Engagement in Kunst und Kultur, im Bereich der Jugendbegegnungen in Schulpartnerschaften und im Bereich des Sports (vgl. Z. 44–46).

Seite 43 **2.**

	Sprachliches Mittel	Erklärung/Deutung (Warum wurde das sprachliche Mittel verwendet?)
„Ob mit einem Ball, einem Stein, einem Stoffknäuel oder einer Blechdose [...]" (Z. 6–8)	Aufzählung	Stellt die verschiedenen vielfältigen Möglichkeit dar, wie leicht und einfach Fußball gespielt werden kann.
„Auf dem Rasen, der Straße, am Berghang, auf dem Schiff, im Zimmer, im Wald, am Strand." (Z. 10–12)	Akkumulation	Durch die Aufzählung wird deutlich, dass Fußball nicht nur im Stadion, sondern fast überall gespielt werden kann.
„Eigentlich?" (Z. 14)	Rhetorische Frage	Durch die rhetorische Frage wird Spannung aufgebaut. Der Zuhörer möchte wissen, welche Einschränkung gemeint ist.
„‚Die Erinnerung ist wie Wasser' [...]." (Z. 21)	Vergleich	Wasser ist lebensnotwendig und sucht sich eigene Wege. So gelingt es auch dem Fußball an den Holocaust zu erinnern, obwohl dies auf den ersten Blick zunächst nicht so aussieht.
„[...] in Nordrhein-Westfalen wird Fußball gelebt." (Z. 34)	Metapher	Obwohl es sich beim Fußball nur um ein Spiel handelt, wird hier ausgedrückt, dass Fußball im Sinne einer die Menschen verbindenden Tätigkeit den Bürgern in Nordrhein-Westfalen besonders wichtig ist.
„Im Großen und wie im Kleinen." (Z. 51–52)	Vergleich	Im „Großen" meint dabei die Regierungen von Staaten, im „Kleinen" meint jeden einzelnen Menschen im Umgang mit seinen Mitmenschen.
„[...] wir erinnern. Für die Zukunft." (Z. 50–51)	Metapher	Aus der Erinnerung soll man lernen und es in der Zukunft anders/besser machen.

Seite 44 **1.** Die vorliegende Rede der Bundesministerin Sylvia Löhrmann wurde am 11. Januar 2014 anlässlich der Auszeichnung des Fußballbundesligisten Borussia Mönchengladbach durch die „Stiftung Deutschland" gehalten. Die Rede richtet sich ausschließlich an die Fußballfans von Borussia Mönchengladbach, die diesen Preis erhalten.

Seite 44 **2.** Die vorliegende Rede wurde von der nordrhein-westfälischen Bildungsministerin Sylvia Löhrmann am 11. Februar 2014 im nordrhein-westfälischen Landtag anlässlich der Auszeichnung des Fußballbundesligisten Borussia Mönchengladbach mit dem Zukunftspreis der Israelstiftung in Deutschland gehalten. Die Rede richtet sich an anwesende Politiker, die Fans von Borussia Mönchengladbach und weitere Gäste. Die Ministerin thematisiert in ihrer Rede die Beziehungen der Deutschen zu Israel und die Möglichkeiten, angesichts einer schwierigen Vergangenheit die Beziehungen zwischen Deutschland und Israel auf Vertrauen und Freundschaft zu gründen.

Seite 45 **3.** Die Rede von Sylvia Löhrmann lässt sich in sieben Abschnitte einteilen. Zunächst begrüßt sie in der Einleitung die anwesenden Zuhörer (Z. 1–5).
Im zweiten Abschnitt beschreibt sie den Fußball unter anderem mithilfe der Akkumulation „Auf dem Rasen, der Straße, am Berghang, auf dem Schiff, im Zimmer, im Wald, am Strand." (Z. 11 f.) als eine verbindende Sportart, die überall auf der Welt, mit einfachsten Mitteln, gespielt werden kann (Z. 6–14).
Mit der rhetorischen Frage „Eigentlich?" (Z. 14) leitet Sylvia Löhrmann auf einen negativen Aspekt in der Geschichte des Fußballs über. Sie schildert den Missbrauch des Sports, insbesondere des Fußballs, in der Zeit des Nationalsozialismus in Deutschland in den Jahren von 1933–1945. Durch den Vergleich in dem Zitat „Die Erinnerung ist wie Wasser" (Z. 21) von Noach Flug verdeutlicht die Bildungsministerin im vierten Abschnitt (Z. 21–32), dass auch der Fußball eine besondere Form des Erinnerns darstellt. Obwohl Fußball nur ein Spiel ist, wird durch ihn an den Terror, an Leid und an Verfolgung erinnert (vgl. S. 24 f.). Außerdem verweist Sylvia Löhrmann darauf, dass das Gedenken an die Gräueltaten des Nationalsozialismus die Grundlage für eine gemeinsame Zukunft in „Freundschaft, Frieden und Völkerverständigung" bildet (vgl. S. 28 f.).
Im fünften Abschnitt (Z. 33–49) spricht die Ministerin das Publikum noch einmal direkt an (vgl. Z. 33), um dessen Aufmerksamkeit zu erreichen. Sie verbindet nun den Fußball mit dem Land Nordrhein-Westfalen, indem sie mit einer Metapher herausstellt, dass in diesem Bundesland Fußball gelebt werde. Und so sei auch Borussia Mönchengladbach eine „gute und tragende Brücke dieses Lebensgefühls" (Z. 36). Der Grundstein für die guten Beziehungen des Fußballvereins zu Israel sei bereits durch das Freundschaftsspiel der Stars von Borussia Mönchengladbach und der israelischen Nationalmannschaft im Bloomfield-Stadion gelegt worden, als die offiziellen diplomatischen Beziehungen noch in den Anfängen steckten. Dadurch habe der Fußball die Menschen in Nordrhein-Westfalen und Israel wieder neu verbunden. Hieraus seien „Zuversicht, gegenseitiges Vertrauen und Freundschaft entstanden" (Z. 43).
Im sechsten Abschnitt von Z. 44 bis Z. 49 beschreibt die Bildungsministerin, wie sich die Freundschaft zu Israel heute gestaltet. Vor allem durch Städtepartnerschaften, Kunst und Kultur, Jugendbegegnungen und Schulpartnerschaften sowie durch den Bereich des Sports (vgl. Z. 44–46) zeichne sich die heutige Freundschaft zwischen Israel und Nordrhein-Westfalen aus, was die Menschen beim 50-jährigen Jubiläum der offiziellen diplomatischen Beziehungen feiern werden.
Ihren letzten Abschnitt leitet Sylvia Löhrmann wieder mit einer Ansprache der Zuhörerinnen und Zuhörer ein, indem sie sie mit „Meine Damen und Herren" (Z. 50) direkt anspricht. Sie hebt hervor, dass durch das Erinnern an die Gräuel der Zeit des Nationalsozialismus die Zukunft zwischen Deutschen und Israelis gemeinsam gestaltet werden kann. Dass dies möglich ist, so die Ministerin, zeige die seit über 30 Jahren anhaltende Freundschaft zwischen Borussia Mönchengladbach und dem Staat Israel. Anhand des Vergleichs „Im Großen und wie im Kleinen" (Z. 51 f.) wird zudem ausgesagt, dass es solche Freundschaften mit dem Staat Israel nicht nur auf der Regierungsebene, sondern auch im alltäglichen Miteinander gibt. Zum Schluss bedankt sich Sylvia Löhrmann für die völkerverbindende Gemeinschaft des Bundesligisten mit Israel und gratuliert dem Verein zur Auszeichnung mit dem Zukunftspreis.
Mit dem hebräischen Friedensgruß „Shalom" (Z. 58) verabschiedet sich Sylvia Löhrmann und drückt auch damit noch einmal in der Landessprache Israels aus, dass sie sich weiterhin Frieden und Freundschaft mit dem Staat Israel wünscht.

Seite 45 **4.** Individuelle Lösung

Tipps für die Rechtschreibung – Richtig zu schreiben kann man lernen

Seite 46 **1.**

- Figur/~~Fiegur~~/~~Figuhr~~
- filieren/~~filiren~~/~~fielieren~~
- Filialleiter/~~Filialileiter~~/~~Fillialeiter~~
- ~~filiegran~~/~~filigrahn~~/filigran
- Figuration/~~Fieguration~~/~~Fighuration~~
- ~~figten~~/~~feighten~~/fighten

Seite 46 **2.**

- ~~Film/vor/führ/er/in~~ Film/vor/füh/re/rin
- ~~fil/i/gran~~ fi/li/g/ran
- Fi/ga/ro ~~Fig/aro~~
- ~~Filt/er/ung~~ Fil/te/rung
- ~~fi/gur/a/tiv~~ fi/gu/ra/tiv
- ~~fig/u/ral~~ fi/gu/ral
- ~~Film/tab/let/te~~ Film/ta/b/let/te
- ~~fig/hten~~ figh/ten

Seite 47 **3.**

fil/trie/ren filt/rie/ren

Seite 47 **4.**

- Affe, Bär, Chamäleon, Hund, Katze, Löwe, Meerschweinchen, Nilpferd, Zebra
- Fabel, falsch, Fenster, Filmkamera, Filter, Filz, Foto, frech, Frühling
- ähnlich, akzeptieren, Alltag, aufregend, Chance, Förderung, Freude, heilsam, herausfinden, Muskel, Selbstbewusstsein
- Rage, Rahmkäse, Rakete, Ralley, Ramadan, rammdösig, ramponieren, Randbemerkung, Ränder, Randgruppe, Rangelei, Rankengewächs

Seite 47 **5.**

Der Politiker wollte die Angelegenheit vor der Kamera ~~klar stellen~~/klarstellen.
Der Nebel will sich heute nicht verziehen, es will nicht klar werden/~~klarwerden~~.
Ich muss mir darüber klar werden/~~klarwerden~~.
Ich muss mit den Hausaufgaben ~~klar kommen~~/klarkommen.

Seite 48 **1.**

Die Olympischen Spiele in der Antike

Ein Sieg bei den Olympischen Spielen war in der Antike für die Sportler etwas ganz Lebensentscheidendes. Ein Antreten bei den Spielen bedeutete für die Athleten göttlichen Ruhm oder bittere Schande. Die Athleten trainierten schon damals für das Erringen eines Sieges bei der Olympiade mit höchstem Einsatz und allen Mitteln. So war das Teilnehmen an den Spielen schon im vierten Jahrhundert vor Christus nur noch für Profisportler möglich. Nicht unbekannt war auch das Foulen und Tricksen bei den Wettkämpfen, z. B. das Beißen bei Faustkämpfen. Es gab deshalb schon in der Antike Schiedsrichter, die auf das Einhalten der Regeln achteten. Wer beim Nichteinhalten der Regeln erwischt wurde, musste hohe Bußgelder zahlen.

Seite 48 **2.**

Der Mann, der das (R)ückwärtsspringen erfand

Aufgrund der nach ihm (**b**)enannten (**S**)prungart „Fosbury-Flop" wurde Dick Fosbury (**b**)erühmt. Das (**E**)rstaunen war (**g**)roß, als er 1968 ankündigte, das (**H**)ochspringen (**z**)ukünftig rückwärts auszuführen. Zuerst reagierte die (**F**)achwelt mit (**H**)ohn und (**S**)pott. Sein Trainer riet ihm angesicht des (**n**)euen (**S**)pringstils sogar zu einem (**A**)uftreten im Zirkus damit. Das (**S**)taunen der Konkurrenz war dann groß, als Dick Fosbury mit seinem (**R**)ückwärtsspringen die Goldmedaille gewann. Heute ist es etwas (**S**)elbstverständliches, dass (**j**)eder Hochspringer mit dem „Fosbury-Flop" rückwärts springt.

Seite 49 **3.**

Ein tanzender Riese

Nur einmal musste das **gerahmte** Foto seiner Frau das Wohnzimmer von Matthias Steiner verlassen. Beim **Heben** der **schwersten** Gewichte in der Arena von Peking war es dabei. Vor 6000 Zuschauern hielt Matthias Steiner es viele **Male** hoch. Alle sahen mit **Staunen** das Bild seiner Frau, die bei einem Autounfall ums Leben gekommen ist. Ihr **Dabeisein** bei der **Entgegennahme** der Goldmedaille war für Steiner ein Herzens-

wunsch. Die Pekinger Zuschauer hielten nach der **Anspannung** des Kampfes den Atem von **Neuem** an. Dann erhob sich ein **Klatschen**, **Johlen** und **Fahnenschwingen**. Beim **Abspielen** der Hymne hatten **viele** Tränen in den Augen.
Erst im **letzten** Versuch des Wettkampfes hatte Matthias Steiner die **Entscheidung** zu seinen Gunsten errungen. Im **Folgenden** sahen die Zuschauer nur noch einen tanzenden Riesen im **Freudentaumel**.
Matthias Steiner hatte **Unglaubliches** vollbracht. Im **Reißen** und **Stoßen** hatte er seinen bisherigen Rekord um zehn Kilo **übertroffen**.

Seite 50 **1.** **Neuer Party-Trend (Pressemeldung)**

„Keine Erwachsenen!“ Die Jugendlichen meinen das ernst. Selbst wer gerade einmal 19 ist, kommt nicht mehr rein, wenn die jüngste Musik- und Partyszene des britischen Königreichs feiert. Erst waren es ein paar Dutzend, dann ein paar Hundert. Schließlich strömten in das Seebad Brighton mehr als 5000 Mädchen und Jungen, um an einer Mammutparty für Unter-18-Jährige teilzunehmen. Nun wird in London gar das „weltweit erste Underage-Festival“ vorbereitet.
Die „Superjungen“, wie die Gruppe von 14 bis 18 Jahren nun genannt wird, liegen voll im Trend. Mit ihrem übersprudelnden Optimismus und ihrer ungebremsten Energie sind sie Hoffnungsträger – für Väter und Mütter ebenso wie für die Musikindustrie. „Eltern lassen ihre Jüngsten lieber zu Underage-Partys gehen als zu solchen, wo sie von 25-Jährigen angemacht werden“, sagt Blaise Seville, professioneller Party-Veranstalter und mit 22 ganz schön „overage“. „Sie wissen, dass Sicherheit bei uns Vorrang hat, besonders bei Alkohol und Drogen.“
Bierbrauer und Schnapshersteller haben das Nachsehen. An den Bars der Underage-Partys gibt es Tonic nur ohne Gin, Orangensaft ohne Wodka und Cola ohne Rum. Dennoch: Underage ist keine Kindergarten-Disco für eine gefrustete Du-darfst-noch-nicht-Generation. Ihren Spaß nehmen die Underagers verdammt ernst. Ganz ohne flüssige oder rauchförmige Stimmungsmacher tanzen sie oft ekstatisch und steigern sich in die Musik hinein. „Wichtiger als das, was einer schlucken kann, ist für uns das, was einer anhat“, sagt die 14-jährige Emily bei einer Jungszene-Nacht im Londoner Coronet Theatre. „Das Outfit ist für uns eine persönliche Ausdrucksform.“ Sie hat sich für einen rosa Unterrock als Kleid über blauen Strumpfhosen entschieden und für – wie ihre Mutter vermutlich denken würde – viel zu viel Lidschatten und Wimperntusche. „Auch bei der Musik haben die Superjungen völlig eigene Vorstellungen“, sagt Alex McCann vom Partyveranstalter Ultimate in Manchester. Ihre beliebtesten Bands haben Namen, die man bislang vergeblich in den Regalen der Plattenläden sucht. Irgendwann fingen die Jugendlichen an, sich nicht mehr für die Bands der „Großen“ zu interessieren, und der Grund leuchtet ein: Wir durften nie ohne Ältere zu den Konzerten dieser Bands, weil es da Alkohol gab. Das ging so weit, dass wir die Lust daran verloren haben“, sagt Sam Killcoyne. Der 15-Jährige ist das Organisationstalent der Szene, das auch das diesjährige Underage-Festival in Londons Victoria Park vorbereitet.

Seite 51 **2.** Artikel: **das** Seebad Brighton, **das** „weltweit erste Underage-Festival“, **das** Nachsehen, **Das** Outfit, **das** Organisationstalent, **das** diesjährige Underage-Festival
Demonstrativpronomen: Die Jugendlichen meinen **das** ernst, Wichtiger als **das** ... ist für uns **das**, **Das** ging so weit, ...
Relativpronomen: **das** auch das diesjährige Underage-Festival ... vorbereitet
Konjunktion: **dass** Sicherheit bei uns Priorität hat, **dass** wir die Lust daran verloren haben

Seite 51 **3.** Der Schäfer trieb das Schaf, **das** schwarz war, auf die Weide.
Dass es stundenlang regnete, hatten wir nicht erwartet.
Sie brach das Training ab, für **das** sie noch zu erschöpft war.
Holger schoss so viele Tore, **dass** er der beste Torschütze des Turniers wurde.

Das Ergebnis, **das** die Preisrichter notierten, war wider Erwarten gut.
Dass sein Gesicht rot anlief, konnte ich ganz genau sehen.
Melanie ging jeden Tag schwimmen, **sodass** sie bereits „Wasserratte" genannt wurde.

Seite 52 **1.** Dieses eine Mal/niemals/mehrere Male/einmal/mehrmals/kein einziges Mal/diesmal/das letzte Mal

Seite 52 **2.** ein anderes Mal/ein ums andere Mal/nächste Mal/mal/ein paar Mal *auch: paarmal/* oftmals

Seite 53 **1.**

a) Es ist schon spät, es wird schon kalt. (**Parallelismus/Anapher**)
b) Er kam, sah und siegte. (**Klimax**)
c) Geh zu den Menschen,/Geh zu den Tieren,/Geh zu den Pflanzen/... (**Anapher/ Parallelismus**)
d Es war, als hätt' der Himmel/Die Erde still geküsst, (**Personifikation**)
e) Er kämpft wie ein Löwe. (**Vergleich**)
f) Komm Kühle, komm, küsse den Kummer/Süß säuselnd von sinnender Stirn. (**Alliteration**/Wiederholung/Anapher)
g) Wollen wir mit dem Unterricht beginnen? (**rhetorische Frage**)
h) Taube als ein Bild für den Frieden (**Symbol**)
i) Kollateralschaden als Bezeichnung für die unbeabsichtigte Tötung von Zivilisten bei einer militärischen Aktion (**Euphemismus**)
j) Singet leise, leise, leise,/Singet ein flüstern Wiegenlied (**Wiederholung**)
k) Was dieser heute baut, reißt jener morgen ein (**Antithese**)
l) Ende gut, alles gut. (**Ellipse**)
m) Das Bollwerk der Abwehr des SC Paderborn hielt neunzig Minuten. (**Metapher**)

Seite 54 **2.**

Personifikation

Alliteration

Euphemismus

rhetorische Frage

Antithese

Parallelismus

Ellipse

Anapher

Metapher

K l i m a x

S y m b o l

W i e d e r h o l u n g

V e r g l e i c h

Teste dich selbst! – Richtig zu schreiben kann man lernen

Seite 56 **1.** Konter/Konterbande/Konterfußball/kontra/Kontrakt/Kontrast/Konturen/konventionell

(4 Punkte für die richtige alphabetische Reihenfolge/2 Punkte, wenn nicht mehr als zwei Wörter nicht zutreffend eingeordnet werden)

Seite 56 **2.** ~~evangelich~~/evangelisch/~~ewangelisch~~ ~~eventuel~~/eventuell/~~ewentuell~~
~~Ewaluation~~/~~Evuluation~~/Evaluation ~~Everglädes~~/Everglades/~~Evergledes~~

(1 Punkt für jedes richtige nicht durchgestrichene Wort)

Seite 56 **3.**

- Reden/Schweigen
- beim Essen/beim Arbeiten
- das Denken/das Handeln
- zum Vereinfachen/zum Komplizieren
- das Gewohnte
- das Verordnete/das Widersprechen

(1 Punkt für jede zutreffend unterstrichene Nominalisierung/Substantivierung)

Seite 57 **4.** im **A**llgemeinen/zu **a**llgemein/**g**ut unterhalten/alles **G**ute/das ewige **W**enn und **A**ber/ im **D**unkeln

(1 Punkt für jede richtige Ergänzung)

Seite 57 **5.** **Das** (**D**) machen Jugendliche in ihrer Freizeit
Dass (**K**) früher alles besser war, **das** (**D**) sagen viele Menschen. Was Jugendliche in ihrer Freizeit treiben, **das** (**D**) wurde jetzt mit einer Umfrage erforscht. 68 Prozent der befragten Jugendlichen gaben an, **dass** (**K**) sie ihre Zeit am liebsten mit Freunden verbringen. **Das** (**A**) Herumhängen mit Freunden steht also für die meisten an erster Stelle. **Das** (**A**) weitere Ergebnis, **das** (**R**) noch erwähnt werden muss, ist ebenfalls nicht überraschend. 39 Prozent der Jugendlichen sagten, **dass** (**K**) Internetnutzung ihre liebste Freizeitbeschäftigung sei. 37 Prozent erklärten, **dass** (**K**) Sport bei ihnen in der Freizeit an erster Stelle stehe.

(1 Punkt für jede richtige Schreibung der Wörter „das" und „dass"; 1 Punkt für jede richtig bestimmte Wortart)

46–36 Punkte	**35–20 Punkte**	**19–0 Punkte**
Das hast du gut gemacht!	Nicht schlecht! Lies dir noch einmal genau die Lernboxen in diesem Kapitel des Arbeitsheftes und im Schulbuch auf den S. 288–313 durch.	Wiederhole noch einmal die Übungen in diesem Kapitel des Arbeitsheftes und im Schulbuch auf den S. 288–313.

Großgeschrieben werden ... – Groß- und Kleinschreibung

Seite 58 **1.**

- Im Folgenden geht es um die Entdeckung und Besiedlung Australiens. Die folgenden Sätze beschäftigen sich damit, wie Australien eine britische Kolonie wurde.
- Die ersten Europäer, die an der australischen Küste landeten, waren holländische Seefahrer. Sie waren auch die Ersten, die die Insel Tasmanien im Süden Australiens entdeckten.
- Auf Dauer bot der neue Kontinent den Holländern aber nichts Interessantes. Im 18. Jahrhundert wurde Australien dann für Großbritannien interessant.
- Der englische Kapitän James Cook landete 1770 an der Ostküste Australiens. Mit dem Landen auf dem australischen Kontinent nahm er ihn für den britischen König in Besitz.
- Im Jahr 1788 konnten dann die ersten elf englischen Schiffe, die „First Fleet" (erste Flotte), in Australien eintreffen. Das Eintreffen der „First Fleet" stellt den Beginn der europäischen Besiedlung Australiens dar.

Seite 58 **2.**

a) Die Besiedlung Australiens erfolgte zunächst im Wesentlichen an der Küste. Das Landesinnere Australiens bietet wesentlich schwierigere Lebensbedingungen.
b) Im 19. Jahrhundert erfolgte ohne Wenn und Aber die intensivere Erforschung des Kontinents. Viele der Expeditionen waren erfolgreich, wenn die Forscher aber auf Schwierigkeiten stießen, mussten ihre Unternehmungen zum Teil abgebrochen werden.
c) Im Voraus war es oft nicht zu erkennen, auf welche Schwierigkeiten man in der australischen Wildnis stoßen würde. Da die Gebiete noch unerforscht waren, sah man viele Hindernisse nicht voraus.
d) Die Expeditionen des deutschen Wissenschaftlers Ludwig Leichhardt brachten viele neue Erkenntnisse über Australien. In seinen Reiseberichten dokumentierte er viel Neues.
e) Seine Forschungsreisen sollten Erkenntnisse über unbekannte Gebiete bringen. Die Expeditionen führten ins Unbekannte.
f) In Australien ist Ludwig Leichhardt heute noch eine bekannte Persönlichkeit, an die sich viele Menschen erinnern. Beim Erinnern hilft es, dass in Australien z. B. Orte, Stadtteile und Straßen nach ihm benannt wurden.
g) In Deutschland gibt es nur einzelne Orte, die seinen Namen tragen. Im Einzelnen kann man sich über ihn im Ludwig-Leichhardt-Museum in Brandenburg informieren.

Seite 60 **1.**

gestern Nachmittag, an diesem Mittwoch, mittags, eines Nachts, am morgigen Mittwoch, Mittwochnacht, mittwochs abends, mittwochs, eines Mittwochs

Seite 60 **2.**

Gestern besuchte die Klasse 10a das Übersee-Museum in Bremen. Hier sind viele Ausstellungsstücke aus fremden Ländern und vergangenen Jahrhunderten zu sehen, vor allem aus dem neunzehnten Jahrhundert. Die Schüler trafen sich morgens sehr früh vor der Schule. Da es ein Freitag war und freitags für gewöhnlich mehr Betrieb auf den Straßen ist, sollte die Klasse schon am frühen Freitagmorgen losfahren. Der Bus fuhr an diesem Morgen pünktlich ab. Im Laufe des Vormittags erreichten die Schüler und ihre Lehrer Bremen und besuchten sofort das Museum. Alle wollten sich mittags zu einem gemeinsamen Mittagessen treffen. Am späten Nachmittag ging es zurück zur Schule. Im Laufe des Abends wollte man wieder zu Hause sein.

Seite 61 **3.**

vorgestern (Adverb), übermorgen (Adverb), Samstag (Nomen), Nachmittag (Nomen), gestern (Adverb) Nacht (Nomen), heute (Adverb), nachmittags (Adverb), Mittag (Nomen), Abend (Nomen)

Seite 62 **1.** **Abora III – Im Schilfboot über den Atlantik**

Im Juli 2007 brach der deutsche Wissenschaftler Dominique Görlitz zu einer spektakulären Reise auf. Der Chemnitzer Wissenschaftler ist Experimentalarchäologe – das heißt, er erforscht Techniken der Vergangenheit, indem er sie selbst nachbaut. Im Jahr 2007 nun wollte er mit dem Nachbau eines steinzeitlichen Schilfbootes beweisen, dass Menschen schon vor 10 000 Jahren, also lange vor Kolumbus, den Atlantischen Ozean überquerten. Sein Schilfboot war 12 Meter lang und 4,4 Meter breit. Das Boot hatte ein bolivianisches Team in Südamerika gebaut. Die Fahrt begann an der nordamerikanischen Küste, genauer gesagt in New York in den Vereinigten Staaten. Das Ziel war das nördliche Spanien. Zuvor wollte man die portugiesische Inselgruppe der Azoren erreichen. Das Schiff geriet auf dem Atlantik jedoch in mehrere Stürme, wurde beschädigt und die Crew musste das Experiment schließlich vorzeitig beenden. Der von Görlitz erhoffte Nachweis, dass bereits vor Tausenden von Jahren Kontakt zwischen Amerika und dem afrikanischen Kontinent möglich war, konnte somit nicht erbracht werden.

Teste dich selbst! – Groß- und Kleinschreibung

Seite 63 **1.**

a) Vor der Erforschung Australiens wussten die Europäer nichts Genaues über den Kontinent.
b) Auch heute noch gibt es in der australischen Wildnis viel Erstaunliches zu entdecken.
c) Das Wichtigste ist, dass man hier immer vorsichtig ist und nichts Leichtsinniges tut.
d) Wanderer nehmen manchmal viel Unnötiges mit und vergessen das Entscheidende – nämlich Wasser.

(2 Punkte für jede richtig geschriebene und unterstrichene Nominalisierung/Substantivierung; 2 Punkte für jeden richtig aufgeschriebenen Satz)

Seite 63 **2.**

Wir sind **gestern** in Australien angekommen. Wir werden **morgen** nach Sydney fahren und **abends** das berühmte Opernhaus besuchen. **Am Montagmorgen** unternehmen wir eine Bootsfahrt. Von **Mittwoch** an machen wir eine Tour durch das Outback, das Gebiet, das weit von den großen Städten entfernt liegt. Wir wollen **sonntags** wieder zurück sein.

(1 Punkt für jede richtig geschriebene Zeitangabe)

Seite 64 **3.**

Eine Fahrt durch die australische/~~Australische~~ Wildnis ist etwas ~~besonderes~~/Besonderes. Sie kann aber auch besonders/~~Besonders~~ gefährlich/~~Gefährlich~~ sein. Das ~~gefährlichste~~/Gefährlichste sind vielleicht die giftigen Tiere. Von diesen sollte man sich ohne ~~wenn~~/Wenn und ~~aber~~/Aber fernhalten. Das ~~befolgen~~/Befolgen von Hinweisen und Warnungen der Einheimischen ist sehr wichtig/~~Wichtig~~. In der Wüste ist das ~~wichtigste~~/Wichtigste, dass man auf einen ausreichenden/~~Ausreichenden~~ Wasservorrat achtet. Auf das ~~funktionieren~~/Funktionieren des Handys sollte man sich besser nicht verlassen/~~Verlassen~~. Zum ~~erreichen~~/Erreichen des nächsten Ortes braucht man manchmal mehrere Stunden. Das ~~autofahren~~/Autofahren kann schwierig sein, da es in den Straßen gefährliche/~~Gefährliche~~ Schlaglöcher gibt.

(1 Punkt für jede durchgestrichene falsche Schreibweise)

Seite 64 **4.**

a) Australien – das Unbekannte entdecken!
b) An alles denken – nichts Wichtiges vergessen!
c) Wir wünschen für die Reise alles Gute!

(2 Punkte für jede richtig aufgeschriebene Überschrift; 1 Punkt für jede richtig unterstrichene Nominalisierung/Substantivierung)

51–40 Punkte	39–21 Punkte	20–0 Punkte
Das hast du gut gemacht!	Nicht schlecht! Lies dir noch einmal die Lernboxen im Arbeitsheft (S. 58–62) und im Schulbuch (S. 316–320) durch.	Wiederhole noch einmal die Übungen im Arbeitsheft (S. 58–62) und im Schulbuch (S. 316–320).

„s", „ss" oder „ß"? – s-Laute

Seite 65 **1.** **Was hinter unseren Wörtern steckt**

Mit Haut und Haaren
Mittelalterliche Be**str**afungsart (3) durch Rutenschläge über „Haut und Haar", al**s**o (1) über den ganzen Körper – nicht blo**ß** (6) aufs Gesä**ß** (6).

Jemandem ist eine Laus über die Leber gelaufen
In den medizinischen Vor**st**ellungen (3) der vorwi**ss**enschaftlichen (5) Zeit galt die Leber als be**s**onders (1) empfindliches Organ und daher als Sitz der Empfindungen und Gefühle. Allen Redewendungen mit Leber liegt die**s**e (1) Vor**st**ellung (3) zugrunde. Wenn jemandem eine Lau**s** (2) über die Leber gelaufen i**st** (3), so verur**s**acht (1) schon eine winzige Lau**s** (1) das Gekränktsein. Solch eine Kränkung kommt auch bei der beleidigten Leberwur**st** (3) zum Au**s**druck (1); der Zusatz Wur**st** (3) trat er**st** (3) **sp**äter (3) in der Volk**sp**rache (3) hinzu.

Sich etwas (4) hinter die Ohren schreiben
Sehr anschauliche alte Rechtspraxis, Erfahrungen von einer Generation äu**ß**erst (6) **s**icher (1) an die folgende weiterzugeben. Es war Rechtsbrauch, bei Abschlu**ss** (5) wichtiger, langfri**st**iger (3) Verträge wie Grundsteinlegungen, Grenzziehungen u. Ä., die früher oftmal**s** (4) nicht schriftlich beurkundet werden konnten, Kinder hinzuzuziehen, damit sie notfall**s** (4) in der näch**st**en (3) Generation als Zeugen au**ss**agen (1) konnten. Da Kinder die Bedeutung **s**olcher (1) Vorgänge mei**st** (3) noch nicht recht erfa**ss**ten (5), schlug man sie in be**st**er (3) Ab**s**icht (1), gleichwohl jedoch stark auf die Ohren, um ihre Erinnerung an die**s**en (1) äu**ß**erst (6) denkwürdigen Vorgang zu ver**st**ärken (3).

Seite 66 **2.** **Zwillingswörter**
Zwillingswörter, auch „Paarformeln" oder „Binominale" genannt, sind eine be**s**ondere Form von fe**st**stehenden Redewendungen, sie dienen haupt**s**ächlich der Verstärkung und Betonung. Man sagt bei**sp**ielsweise: „Frau Müller hat mit Fug und Recht darauf hingewie**s**en ..." Durch die Verwendung von „Fug und Recht" wiederholt man das er**st**e Wort durch ein bedeutungsähnliches, vermeidet aber die Wortwiederholung. Wir gebrauchen solche fe**st**gefügten Wendungen mei**st** ganz unwillkürlich. Viele die**s**er Paarformeln sind de**s**halb intere**ss**ant, weil sie in ganz konkreten Zusammenhängen entstanden, die in Verge**ss**enheit gerieten, bzw. weil sich in ihnen Wörter erhalten haben, die an**s**onsten im modernen deutschen Wortschatz verloren gegangen sind. Wir verstehen zwar den Sinn der Paarformel, aber wa**s** da**s** eine oder andere Wort ur**sp**rünglich bedeutete, wi**ss**en wir mei**st** nicht mehr.

In Hülle und Fülle
Mit der *Hülle* ist die Kleidung gemeint, mit der *Fülle* die Nahrung, nämlich die Füllung des Magens. Die Paarformel ist seit dem 16. Jahrhundert bezeugt: Wer Hülle und Fülle besa**ß**, hatte al**s**o zunächst wenig**st**ens das Leben**s**notwendige. Als Fülle später im Sinne von „Überflu**ss**" verstanden wurde, ging diese Bedeutung auch auf die Paarformel über: von allem sehr reichlich.

Nach Jahr und Tag
Dies war ein genau festgelegter Rechtsbegriff, der einen Zeitraum von einem Jahr, sechs Wochen und drei Tagen umfasste. Im „Sachsenspiegel“ (um 1230), dem bedeutendsten Rechtsbuch des deutschen Mittelalters, war festgelegt, dass diese Frist verstrichen sein muss, bevor ein Eigentumserwerb (beispielsweise durch Kauf oder Erbschaft) rechtsgültig wird.

Kopf und Kragen riskieren
Als Urteilssprüche noch tödlich enden konnten, bezeichnete das Kopfrisiko die Hinrichtung mit dem Schwert, das Halsrisiko die Hinrichtung durch den Strang.

Außer Rand und Band
Im älteren Sprachgebrauch verstand man *Rand* mehr im Sinne von Rahmen. So sind auch andere Redewendungen wie „den Rand halten“ (hier werden die Lippen als Rahmen des Mundes gesehen) oder „zu Rande bringen“, „zu Rande kommen“ (eine Sache zu Ende bringen) zu verstehen. Die Zusammenstellung zu „Rand und Band“ stammt möglicherweise aus dem Fassbindergewerbe.

Teste dich selbst! – s-Laute

Seite 68 **1.**

Fuß (6)
„Den Fuß (6) auf etwas (4) setzen“ (1), „den Fuß (6) in den Nacken setzen“ (1) beziehen sich (1) wie das mittelalterliche Handauflegen auf Rechtsgesten (3) der Inbesitznahme. Darstellungen, auf denen der Herrscher den Fuß (6) auf den Nacken besiegter (1) Feinde stellt, gehören schon in der Bibel und in der Antike zum Standardrepertoire (3) der Herrschersymbolik (1).
Stehenden Fußes (6) (lat. *stante pede*), also „sofort“ (1), musste (5) man vor Gericht Einspruch (3) einlegen, wenn man verhindern wollte, dass ein Urteil rechtskräftig wurde.

(1 Punkt für jede richtige Ergänzung/1 Punkt für jede richtig angegebene Regel)

Seite 68 **2.**

In Sack und Asche
Wer in Sack und Asche geht, der tut Buße und schämt sich. Sich Asche aufs Haupt zu streuen ist seit sehr alter Zeit ein Zeichen der Trauer und Scham. Unter Sack ist in erster Linie „Büßergewand“ zu verstehen. Erst später wurde von diesem äußerst einfachen Gewand aus grobem Stoff die Bedeutung auf Sack im Sinne von „Behälter aus Stoff“ übertragen. Die Redewendung „in Sack und Asche gehen“ als Ausdruck für Bußübungen gibt es daher wohl schon seit uralter Zeit. Die Verwendung dieser Zwillingsformel an mehreren Stellen in der Bibel verweist ebenfalls darauf.

(1 Punkt für jede richtige Ergänzung)

In Saus und Braus
Sowohl das *Sausen* des Windes wie das *Brausen* der Wellen sind sehr laut. Die üppigen Gelage fröhlicher Zecher sind es ebenfalls.

(1 Punkt für jede richtige Ergänzung)

61–49 Punkte	48–30 Punkte	29–0 Punkte
Das hast du gut gemacht!	Nicht schlecht! Lies dir noch einmal die Lernboxen im Arbeitsheft (S. 65–68) und im Schulbuch (S. 326–332) durch.	Wiederhole noch einmal die Übungen im Arbeitsheft (S. 65–68) und im Schulbuch (S. 316–320).

Wortgruppe oder Zusammensetzung? – Getrennt- und Zusammenschreibung

Seite 69 **1.** energisch zupacken, vorbei sein, spazieren gehen, Feuer fangen, heruntersteigen, widersprechen, angsterfüllt, hartherzig, superanstrengend, irgendjemand, dunkelblau

Seite 69 **2.** umfährt, fährt ... um/frei zu sprechen, freigesprochen/frei zu machen, freimachen/bricht ... durch, durchbricht/frei gehalten, freihalten/übersetzen, setzt ... über/sicher gehen, sichergehen

Seite 71 **3.**

- Lars und Anne treffen sich nach der Schule zum Spaghettiessen. **Spaghetti essende/spaghettiessende** Menschen halten sich am besten in der Badewanne auf. Wenn wir am Sonntagabend **Spaghetti essen** wollen, müssen wir den Einkauf organisieren.
- Einigen Teesorten wird die Wirkung zugeschrieben, das Blut zu reinigen. **Blut reinigende/blutreinigende** Tees kann man in der Apotheke kaufen. Das Gleiche gilt für **Blut stillende/blutstillende** Watte.
  Zum **Blutstillen** kann man auch Kräuterextrakte benutzen.
- Mädchen, die **Fußball spielen**, sind heute eine Selbstverständlichkeit. Vor 20 Jahren waren **Fußball spielende/fußballspielende** Mädchen eher selten.
  Christin und Vanessa verabreden sich zum **Fußballspielen**.

Seite 72 **1.** **Kuriositäten der Fußball-WM in Brasilien**

Die *denkwürdigsten*/~~denk würdigsten~~ Namen: Bei Hulk denkt man *unweigerlich*/~~un weigerlich~~ an das grüne *Comicmonster*/~~Comic Monster~~, für Brasilien soll der bullige Stürmer ~~gleichennamens~~/*gleichen Namens* für viele Tore sorgen. Den vielleicht philosophischsten Namen trägt – ~~wenngleich~~/*wenn gleich* mit kleinem *Schönheitsfehler*/~~Schönheits Fehler~~ beim *vorletzten*/~~vor letzten~~ Buchstaben ein Grieche: Sokratis. In der Kürze liegt die Würze: Die Eltern von Brasiliens Jo waren mit den Buchstaben eher sparsam.

Die Oldies: Kolumbiens *Nationaltorwart*/~~national Torwart~~ Faryd Mondragon könnte noch in Brasilien seinen Geburtstag feiern. Der frühere Keeper des 1. FC Köln wird am 21. Juni 43 Jahre und könnte dann den Kameruner Roger Milla als ältesten WM-Teilnehmer der Geschichte *ablösen*/~~ab lösen~~. Dieser war 1994 stolze 42. ~~Aufseiten~~/*Auf Seiten* der Trainer ist Russlands Fabio Capello mit bald 68 der Methusalem der WM. Der *Rekordhalter*/~~Rekord Halter~~ ist *allerdings*/~~aller dings~~ Otto Rehhagel, der 2010 bei den Griechen 71 war.

Seite 72 **2.** Fußballfans/aufgeblasenen/Mülltüten/Nullnummer/Donnerstag/außergewöhnliche/mitgebrachten/eingesammelt/Schluss spielen/sauber zurückbleibt/auf zu spielen

Teste dich selbst! – Zusammen- und Getrenntschreibung

Seite 73 **1.**

a) Es ist alles schon einmal **da gewesen**.
b) Weil Paul krank war, ist er einige Tage im Bett **liegen geblieben**.
c) Steffi will beim 100-m-Lauf besonders **schnell laufen**.
d) Sie hätte sich **kaputtlachen** können.
e) Pauline hat das Referat **frei vorgetragen**.
f) Das **Liegenbleiben** der Arbeit hat dem Unternehmen hohe Verluste gebracht.
g) Der Trainer hat sich über das Spiel seiner Mannschaft **schwarzgeärgert**.

(2 Punkte für jede richtige Schreibweise)

Seite 73 **2.** **Johannes Gutenberg und der Buchdruck/~~Buch Druck~~**

An welchem Tag genau dieser Mann das Licht der Welt ~~er blickte~~/erblickte, darüber können die Experten nur Vermutungen ~~an stellen~~/anstellen. Als ~~halb wegs~~/halbwegs gesichert gilt, dass sein Geburtstag/~~Geburts Tag~~ im Jahre 1400 liegt.
Den historischen Quellen ~~zu folge~~/zufolge muss er ~~einer seits~~/einerseits ein Mensch von großer Entschlossenheit, andererseits aber auch von Lebenslust/~~Lebens Lust~~ und Temperament gewesen sein. Durch Gutenbergs Erfindung war es möglich geworden/~~möglichgeworden~~, bewegliche Lettern für den Druck einfach und schnell ~~zusammenzu setzen~~/zusammenzusetzen.
~~Zumanderen~~/Zum anderen konnten die Lettern nach dem Druck ~~auseinander genommen~~/auseinandergenommen werden, sodass eine häufige Verwendung möglich war. Ein ~~Buch Drucker Gewerbe~~/Buchdruckergewerbe gab es natürlich auch schon vor Gutenberg. Aber dieser Buchdruck, der durchaus schon in hohem ~~An sehen~~/Ansehen stand, war äußerst ~~müh selig~~/mühselig, weil Texte und Bilder zunächst in Holztafeln ~~ein geschnitten~~/eingeschnitten und danach in Handpressen/~~Hand pressen~~ Blatt für Blatt gedruckt werden mussten.

(1 Punkt für jede zutreffend durchgestrichene falsche Schreibweise)

31–24 Punkte	23–14 Punkte	13–0 Punkte
Das hast du gut gemacht!	Nicht schlecht! Lies dir noch einmal genau die Lernboxen im Arbeitsheft (S. 69–73) und im Schulbuch (S. 321–325) durch.	Wiederhole noch einmal die Übungen im Arbeitsheft (S. 69–73) und im Schulbuch (S. 321–325).

Großstadtdschungel – Wortarten

Seite 74 **1.**

Weil *Konjunktion*	**unsere** *Possessivpronomen*	**großen** *Adjektiv*	**Städte** *Nomen/Substantiv*	**Betonwüsten** *Nomen/Substantiv*
gleichen, *Verb*	**verwandeln** *Verb*	**die** *Artikel*	**Bewohner** *Nomen/Substantiv*	**diese** *Demonstrativpronomen*
Metropolen *Nomen/Substantiv*	**oft** *Adverb*	**in** *Präposition*	**grüne** *Adjektiv*	**Oasen.** *Nomen/Substantiv*

Seite 75 **2.**

	8↓												9↓
	G					10↓							G
	R				1→	B	E	W	O	H	N	E	R
2→	O	F	T			E							Ü
	ß		3→	M	E	T	R	O	P	O	L	E	N
	E			11		O		12↓			13↓		E
	N			W		N		U			G		
	14↓	4→	V	E	R	W	A	N	D	E	L	N	
	D			I		Ü		S			E		
	I			L		S		E		5→	I	N	
	E			15↓		T		R			C		
6→	S	T	Ä	D	T	E		E			H		
	E			I		N					E		
				E		7→	O	A	S	E	N		

Seite 76 **1.** Viele Bewohner großer Städte besitzen selbst keine Gärten. Sie wollen aber auch eine Erholungsmöglichkeit im Grünen. Deshalb werden von Städteplanern Parks angelegt. **So schaffen sie Naturräume für die Bewohner**. Oft gibt es allerdings nicht genug Platz für die Oasen im Grünen. Doch Not macht bekanntlich erfinderisch.
Städteplaner und Stadtgärtner hatten in New York eine außergewöhnliche Idee. Sie gestalteten einen Grünstreifen auf einer stillgelegten Hochbahntrasse.
Der Highline Park ist 2,3 Kilometer lang und nur 20 Meter breit. In 10 Metern Höhe durchzieht er einen Stadtteil New Yorks.
Die Gärtner haben Birken und Zierobstbäume angepflanzt. Für die Kinder sind Blumenwiesen entstanden. Sie dürfen dort nach Herzenslust herumtoben. Doch auch Touristen können den außergewöhnlichen Park erkunden. Für sie ist sogar ein Designhotel vorhanden. Das Hotel thront auf Stelzen über dem Stelzenpark. Es hat bodentiefe Fenster. Die Gäste sollen natürlich auf den Park blicken.

Seite 77 **2.**

Vollverben	Hilfsverben (+ Vollverben)	Modalverben (+ Vollverben)
besitzen, schaffen, gibt, macht, gestalteten, durchzieht, thront	werden angelegt, hatten, ist, haben angepflanzt, sind entstanden, ist vorhanden, hat	wollen, dürfen herumtoben, können erkunden, sollen blicken

Seite 77 **3.** **Perfekt:** *So haben sie Naturräume für die Bewohner geschaffen.*
Plusquamperfekt: *So hatten sie Naturräume für die Bewohner geschaffen.*
Futur: *So werden sie Naturräume für die Bewohner schaffen.*

Seite 77 **4.** Der damalige New Yorker Bürgermeister Michael Bloomberg **wollte** seinen „Big Apple" zur „ersten umweltverträglichen Stadt des 21. Jahrhunderts" machen. Seine Pläne: Alter Baumbestand **soll** energieeffizient saniert werden. Der Ausstoß von Treibhausgasen **muss** gesenkt werden. Neue Bäume **sollen** gepflanzt werden.
Als Bloomberg dann vom Highline Park-Projekt erfuhr, **konnte** er eine Patenschaft übernehmen. Auch viele Prominente, Schauspieler und Modedesigner **mochten** nicht Abseits stehen und setzten sich für das Projekt ein. Seit 2009 **dürfen** nun die New Yorker einen ungewöhnlichen Park nutzen. Dieser ist inzwischen so beliebt, dass Teile tageweise abgesperrt werden, damit sich das Grün erholen **kann**.

Seite 78 **1./2.** Der Stadtstaat Singapur liegt in Südostasien. Die Regierung hat hier einen ganz besonderen Park angelegt. (Zeitform: *Perfekt*) Er hat fast 100 Hektar eingenommen und gut 650 Millionen Euro gekostet. (Zeitform: *Perfekt*) Sein Name ist „Gardens by the Bay".
Die Einwohnerzahl der Stadt war im letzten Jahrzehnt stark angestiegen, sodass sich auch eine Ausweitung der Naherholungsflächen angeboten hatte. (Zeitform: *Plusquamperfekt*) Nachdem die Stadtregierung einen fantastischen Plan gefasst hatte, entstand er schließlich, der Urwald in der Großstadt. (Zeitformen: *Plusquamperfekt* und *Präteritum*)

Seite 79 **3.**

Partizip Präsens (Partizip 1) als Attribut	Adjektivattribut
aufragenden, bestehenden, beeindruckenden, duftende, leuchtenden	große, günstige, künstliche, prächtiger, heimische, verschiedenen, ungewöhnliches

Seite 79 **4./5.** linke Spalte: Verben: staunen, rauscht, bildet, weht, gehen, strömt, kommen
mittlere Spalte: Partizip Präsens: staunend, rauschend, bildend, wehend, gehend, strömend, kommend
rechte Spalte: Partizip Perfekt: gestaunt, gerauscht, gebildet, geweht, gegangen, geströmt, gekommen

Teste dich selbst! – Wortarten

Seite 80 **1.** Weil = Konjunktion; alte = Adjektiv; platzte = Verb; jetzt = Adverb; mit = Präposition; dieser = Demonstrativpronomen; Sie = Personalpronomen; ein = unbestimmter Artikel; Reisenden = Nomen/Substantiv; ihr = Possessivpronomen

(1 Punkt für jede richtig bestimmte Wortart)

Seite 80 **2.** Mexiko ist eine der größten Städte dieser Erde. Miese Luft und extremer Verkehr sind an der Tagesordnung. Für die geplagten Bewohner wollen Politiker und engagierte Bürger aber Verbesserungen erreichen. So sollen überall in der Stadt vertikale Gärten entstehen. Die bepflanzten Wände können nämlich Lärm mildern und die Gebäude kühlen. Schon zahlreiche Bürger haben sich an der Aktion beteiligt und ihre Fassaden begrünt. Die Lebensqualität hat sich dadurch schon stark verbessert.

(1 Punkt für jedes richtig unterstrichene Modalverb und 1 Punkt für jedes richtig unterschlängelte Hilfsverb)

Seite 81 **3.** a) = Perfekt; b) = Futur; c) = Plusquamperfekt d) = Präteritum

(2 Punkte für jede richtig bestimmte Zeitform)

Seite 81 **4./5.** Stockholm gehört zu den **gefragtesten** (Partizip **Perfekt**) Metropolen Europas. Im Spätsommer treffen sich Angler direkt vor dem **beeindruckenden** (Partizip **Präsens**) Stockholmer Schloss. In langen Reihen stehen sie mit ihren **wippenden** (Partizip **Präsens**) Angelruten auf den Bürgersteigen und ziehen zuvor **ausgesetzte** (Partizip **Perfekt**) Fische aus dem Strom, der Mälarsee und Ostsee verbindet. Die von einem großen Energiekonzern **gesponserte** (Partizip **Perfekt**) Aktion hat Tradition in Stockholm. Die **gefangenen** Fische (Partizip **Perfekt**) sind ein **lebender** (Partizip **Präsens**) Beweis dafür, dass die Gewässer sauber sind.

(1 Punkt für jedes passend eingesetzte Partizip und 1 Punkt für jedes richtig bestimmte Partizip)

39–30 Punkte	28–18 Punkte	17–0 Punkte
Das hast du gut gemacht!	Nicht schlecht! Lies dir noch einmal die Lernboxen im Arbeitsheft (S. 74–81) und im Schulbuch (S. 343–350) durch.	Wiederhole noch einmal die Übungen im Arbeitsheft (S. 74–81) und im Schulbuch (S. 343–350).

Bausteine des Satzes – Satzglieder

Seite 82/83 **1./2.** **Elly Beinhorn, eine deutsche Flugpionierin**

(Große Berühmtheit) (erreichte) (die deutsche Pilotin Elly Beinhorn).
(Aus Hannover) (stammte) (ihre Familie).
(Elly Beinhorn) (wurde) (dort) (1907) (geboren).
(Ihre Ausbildung als Pilotin) (begann) (sie) (1928).
(Diese) (schloss) (sie) (ein Jahr später) (erfolgreich) (ab).
(Die Pläne ihrer Tochter) (gefielen) (ihren Eltern) (nicht).
(Die junge Frau) (begann) (trotzdem) (eine Karriere als Kunstfliegerin).
(Frauen) (war) (das Steuern von Passagierflugzeugen) (in dieser Zeit) (verboten).
(Ihr) (sicherte) (die Tätigkeit als Kunstfliegerin) (ihren Lebensunterhalt).
(Ihrem Traum von Langstreckenflügen) (galt) (ihr eigentliches Interesse).

Dativobjekte	Akkusativobjekte
ihren Eltern Frauen ihr ihrem Traum von Langstreckenflügen	große Berühmtheit ihre Ausbildung als Pilotin diese eine Karriere als Kunstfliegerin ihren Lebensunterhalt

Seite 84 **1.**

Alleinflug nach Afrika und um die Welt

Im Jahr 1931 verwirklichte Elly Beinhorn ihren Traum von einem Langstreckenflug. Dieser führte sie nach Afrika. Dort machte sie u. a. Luftaufnahmen. Wegen eines technischen Defekts musste sie während des Rückflugs in der Sahara notlanden. Sie konnte mit unterschiedlichen Verkehrsmitteln weiterreisen. Nach drei Monaten kehrte sie nach Berlin zurück. Durch Zeitungsberichte über die Reise erreichte Elly Beinhorn schnell große Bekanntheit. Noch im selben Jahr begann sie eine Weltumrundung im Alleinflug. Diese führte sie nach Afrika, Asien und Südamerika. Da die Entfernung zwischen Australien und Südamerika zu groß war, legte Elly Beinhorn diese Strecke mit einem Schiff zurück. Im Juli 1932 traf die Pilotin in Berlin ein und wurde dort begeistert empfangen.

Seite 84 **2.**

Adverbiale Bestimmung				
der Zeit	**des Ortes**	**der Art und Weise**	**des Grundes**	**des Mittels**
• im Jahr 1931 • während des Rückflugs • nach drei Monaten • noch im selben Jahr • im Juli 1932	• nach Afrika • dort • in der Sahara • nach Berlin • nach Afrika, Asien und Südamerika • in Berlin • dort	• schnell • begeistert	• wegen eines technischen Defekts • da die Entfernung zwischen Australien und Südamerika zu groß war	• mit unterschiedlichen Verkehrsmitteln • durch Zeitungsberichte über die Reise • mit einem Schiff

Seite 85 **1.**

- In den Jahren 1931 und 1932 legte Elly Beinhorn bei ihrer Weltumrundung eine Strecke von ca. 31 000 km zurück.
  Was für eine Strecke legte Elly Beinhorn zurück? Eine Strecke von ca. 31 000 km.
- Durch diese Leistung wurde die Berühmtheit der Pilotin gesteigert.
  Welche Berühmtheit wurde durch diese Leistung gesteigert? Die der Pilotin
- Die hohen Kosten konnte sie allerdings nicht allein aufbringen.
  Welche Kosten konnte sie nicht allein aufbringen? Die hohen
- Das Fliegen ermöglichten ihr Preisgelder und Sponsoren, die sie unterstützten.
  Welche Sponsoren ermöglichten ihr das Fliegen? Die, die sie unterstützten
- Ihre Ersparnisse hatte ihre Begeisterung für das Fliegen, die sie bis nach Südamerika geführt hatte, aufgezehrt.
  Welche Begeisterung hatte ihre Ersparnisse aufgezehrt? Die für das Fliegen; die, die sie bis nach Südamerika geführt hatte
- Zum Mount Everest, dem höchsten Berg der Welt, war sie in Asien geflogen.
  Zu welchem Mount Everest war sie in Asien geflogen? Zu dem höchsten Berg der Welt
- Begeistert war sie in zahlreichen Ländern, die sie auf ihrer Reise besuchte, empfangen worden.
  In welchen Ländern war sie begeistert empfangen worden? In zahlreichen; in denen, die sie auf ihrer Reise besuchte

Seite 86 **2.**

Adjektivattribut	hohen; zahlreichen
Relativ-/Attributsatz	die sie unterstützten; die sie bis nach Südamerika geführt hatte; die sie auf ihrer Reise besuchte
Apposition	dem höchsten Berg der Welt
präpositionales Attribut	von ca 31 000 km; für das Fliegen
Genitivattribut	der Pilotin

Teste dich selbst! – Satzglieder

Seite 87 **1.**

a) Der Traum vom Fliegen beschäftigt die Menschen schon seit langer Zeit.
b) Den Pilotenberuf streben junge Frauen und Männer auch heute an.
c) Früher wurde das Fliegen Frauen nicht leicht gemacht.
d) Trotzdem erreichten einige Frauen dieses Ziel.
e) Sie mussten oft große Widerstände überwinden.
f) Viele dieser Pilotinnen erreichten große Berühmtheit.
g) Ihnen gelangen beeindruckende Leistungen.

(1 Punkt für jedes richtig bestimmte Subjekt und 1 Punkt für jedes richtig bestimmte Prädikat)

Seite 87 **2.**

c), g)

(1 Punkt für jeden richtig genannten Satz)

Seite 87 **3.**

a), b), d), e), f)

(1 Punkt für jeden richtig genannten Satz)

Seite 87 **4.**

schon seit langer Zeit: adverbiale Bestimmung der Zeit
auch heute: adverbiale Bestimmung der Zeit
früher: adverbiale Bestimmung der Zeit
oft: adverbiale Bestimmung der Zeit

(1 Punkt für jede richtig herausgeschriebene adverbiale Bestimmung und 1 Punkt für jede richtig bestimmte adverbiale Bestimmung)

Seite 87 **5.**

Der französische (*Adjektivattribut*) Pilot Antoine de Saint-Exupéry wurde als Schriftsteller berühmt. Sein bekanntestes Buch, eine Erzählung, (*Apposition*) heißt „Der kleine Prinz". Der Autor, der im Hauptberuf Pilot war (*Relativ-/Attributsatz*), unternahm viele Langstreckenflüge. Diese Flüge nach Afrika und Asien (*präpositionales Attribut*) waren oft risikoreich. Die Fans seines Buches (*Genitivattribut*) verehren ihn bis heute.

(1 Punkt für jedes richtig bestimmte Attribut)

34–26 Punkte	25–17 Punkte	16–0 Punkte
Das hast du gut gemacht!	Nicht schlecht! Lies dir noch einmal die Lernboxen im Arbeitsheft (S. 82–85) und im Schulbuch (S. 351–357) durch.	Wiederhole noch einmal die Übungen im Arbeitsheft (S. 82–86) und im Schulbuch (S. 351–357).

Zeichensetzung: Wo steht ein Komma? – Kommas richtig setzen

Seite 88 **1.**

a) Weil sie von verborgenen Schätzen träumen, wollen manche Menschen Archäologen werden.
b) Obwohl sie oft nur Scherben oder einzelne Knochen finden, sind solche Entdeckungen für Archäologen sehr aufregend.
c) Diese Funde geben Aufschluss über die Vergangenheit, nachdem sie sorgfältig ausgewertet worden sind.
d) Während sie an einer Grabung arbeiten, müssen die Archäologen sehr vorsichtig vorgehen.
e) Sie arbeiten sehr oft mit Pinseln und Zahnbürsten, damit sie ihre Funde nicht beschädigen.
f) Wenn sie mit größeren Werkzeugen arbeiten würden, könnten wichtige Funde zerstört werden.

Seite 88 **2.**

Die Himmelsscheibe von Nebra

Als sie im Sommer 1999 nach Überresten der Vergangenheit suchten, machten zwei Raubgräber in Sachsen-Anhalt eine der vielleicht wichtigsten archäologischen Entdeckungen unserer Zeit. Von Raubgräbern spricht man, da sie ohne Erlaubnis nach Funden suchten. Damit archäologische Funde nicht zerstört oder illegal verkauft werden, ist solche Raubgräberei verboten. Obwohl die beiden Männer in diesem Fall davon wussten, nahmen sie ihren Fund – eine verkrustete Scheibe aus Metall – mit. Nachdem sie die Scheibe verkauft hatten, bot sie der neue Besitzer dem Landesmuseum in Halle/Saale an. Der Museumsdirektor schaltete jedoch die Polizei ein. Diese verhaftete die Verkäufer. Die Scheibe wurde bald als „Himmelsscheibe" bezeichnet, da sie vermutlich eine Tausende Jahre alte Darstellung des Sternenhimmels zeigt. Obwohl die „Himmelsscheibe" inzwischen sehr genau untersucht worden ist, streiten sich die Forscher bis heute über die Echtheit der Scheibe.

Seite 89 **3.**

Im April 2011 fanden Archäologen einen Goldschatz auf einem Acker, der rund zehn Kilometer südlich von Bremen bei Gessel liegt. Da dort eine Erdgas-Pipeline gelegt werden sollte, hatte ein Techniker den Boden vor dem Ausheben mit einem Metalldetektor untersucht. Während dieser Überprüfung schlug der Metalldetektor auf einmal aus. Die Techniker erwarteten natürlich auf etwas zu stoßen, als sie an der Stelle mit den Ausgrabungen begannen. Niemand rechnete aber damit, dass sie den größten zurzeit bekannten Goldschatz aus der Bronzezeit entdecken würden. Dies ist ein Glücksfall für die Wissenschaftler, weil sie so ganz neue Erkenntnisse über die Bronzezeit gewinnen können. Man weiß inzwischen, dass die vielen goldenen Schmuckstücke mehr als 3000 Jahre alt sind. Ein Rätsel bleibt es für die Archäologen, warum jemand damals diesen wertvollen Schatz überhaupt vergraben hat. Einige Wissenschaftler glauben, dass ein Händler die 117 Schmuckstücke aus Gold in einer Notsituation in Tücher eingewickelt und vergraben hat.

Seite 90 **1.**

a) Im Jahr 1965 machten zwei Brüder, die in Köln lebten, im Keller ihres Elternhauses eine faszinierende Entdeckung.
b) Bei Bauarbeiten, die sie in dem Keller durchführten, entdeckten sie einen sehr alten Brunnenschacht.
c) Sie fanden dort zunächst Dinge, die aus der Neuzeit und dem Mittelalter stammten.
d) Nach einiger Zeit, die sie mit weiteren Grabungen verbracht hatten, fanden sie auch Überreste aus der Römerzeit.

e) In Köln, das von den Römern gegründet worden war, war dies noch nichts Ungewöhnliches.
f) Im Laufe der Zeit wurde jedoch die Bedeutung des Fundes deutlich, der eine der bedeutendsten römerzeitlichen Entdeckungen nördlich der Alpen war.
g) Die beiden Hobbyarchäologen arbeiteten immer weiter an ihrer Grabung, die sie mehr und mehr faszinierte.
h) Das Wohnhaus, in dessen Keller sie gruben, mussten sie mit aufwendigen Maßnahmen absichern.
i) Ein Einsturz des Hauses, in dem sie gruben, wäre sonst nicht auszuschließen gewesen.
j) Am Ende hatten sie ein römisches Grabmal, das aus zahlreichen großen Steinquadern bestand, ausgegraben.
k) Der Erbauer des Grabmals war ein Römer gewesen, der Lucius Poblicius hieß.
l) Das Grabmal hatte ursprünglich eine Höhe gehabt, die ca. 15 Meter betragen haben musste.
m) Die Ausgrabungen, die die beiden Brüder unternahmen, dauerten ungefähr zwei Jahre.
n) Das Grabmal, das vor ca. 2000 Jahren erbaut worden war, ist heute im Römisch-Germanischen Museum in Köln zu sehen.

Seite 91 **2.**
a) Das Grabmal, das über 14 Meter hoch ist, ist ein beeindruckendes Bauwerk.
b) Die Inschrift auf dem Grabmal, die nur unvollständig erhalten ist, wird auf verschiedene Weise rekonstruiert.
c) Der Fundort ist nicht der ursprüngliche Standort, der vermutlich außerhalb der Stadt lag.
d) Hochwasser, das am Rhein regelmäßig vorkommt, könnte das Grabmal unterspült haben.
e) Es bleibt jedoch unklar, wie die Steinblöcke, die sehr schwer sind, an ihren späteren Fundort gelangt sind.

Seite 92 **1.**
a) Dass man als Archäologe wertvolle Schätze findet, kommt eher selten vor.
b) Die Forscher wissen, dass sie bei der Arbeit sehr vorsichtig sein müssen.
c) Wer als Archäologe arbeiten will, muss oft Pinsel und Zahnbürste einsetzen.
d) Dass man von den Funden genaue Zeichnungen anfertigt, gehört zu den Aufgaben eines Archäologen.
e) Man weiß vorher oft nicht genau, was man bei einer Ausgrabung findet.
f) Dass es oft Alltagsgegenstände sind, ist für Archäologen ganz normal.
g) Wer viel Geduld hat, kann aus einzelnen Scherben den ursprünglichen Gegenstand wieder zusammensetzen.
h) Oftmals müssen die Forscher hinnehmen, dass sie nur einzelne Teile eines Skeletts oder eines Gegenstands finden.
i) Wem ein wichtiger Fund gehört, ist manchmal ein Streitpunkt.
j) Dass wichtige Funde in ein Museum gehören, ist für Archäologen selbstverständlich.
k) Wer ein archäologisches Museum besucht, kann dort die Ergebnisse der Forschungsarbeit bewundern.

Seite 93 **2.**
a) Dass Archäologen auch unter Wasser nach interessanten Dingen suchen, kommt regelmäßig vor.
b) Dass man diese Tätigkeit Unterwasserarchäologie nennt, kann man sich leicht erklären.
c) Dass viele Gegenstände und Materialien unter Wasser lange erhalten bleiben, ist ein Vorteil für die Archäologen.

d) Viele Unterwasserarchäologen haben die Erwartung, dass sie ein Schiffswrack finden.
e) In vielen Seen und Flüssen kommt es vor, dass man ein altes Schiffswrack findet.

Seite 93 **3.** Dass man als Unterwasserarchäologe erst einen Tauchkurs machen muss, klingt logisch. Man sollte berücksichtigen, dass es neben dem praktischen Training auch Theoriestunden gibt. Das Wissen, das man dabei erwirbt, soll helfen, dass man die Tauchgänge sicher durchführen kann. Außerdem muss man trainieren, dass man unter Wasser vorsichtig mit den Funden umgeht. Das Programm, das man bei einem solchen Tauchkurs absolviert, ist sehr abwechslungsreich.

Seite 94 **1.**
a) Nachdem man bei dem Ort Kalkriese, der in der Nähe von Osnabrück liegt, viele Gegenstände aus der Römerzeit gefunden hatte, hielt man ihn für den Ort der berühmten Schlacht im Teutoburger Wald.
b) Diese Schlacht, die zwischen Römern und Germanen, die verfeindet waren, stattgefunden hatte, hatte die Historiker schon lange Zeit beschäftigt.
c) Da der genaue Ort der Schlacht, die im Jahr 9 nach Christus stattgefunden haben soll, bis heute unbekannt ist, streiten sich einige Forscher bis heute darüber.
d) An dem Ort, den man früher für den Schauplatz der Schlacht gehalten hatte, bevor man auf die Funde in Kalkriese gestoßen war, steht heute – in der Nähe von Detmold – das Hermannsdenkmal.
e) Damit die Besucher, die nach Kalkriese kommen, die zahlreichen Funde betrachten können, wurde dort ein großes Museum errichtet.
f) Hier werden viele der Gegenstände, die Archäologen fanden, während sie Ausgrabungen durchführten, ausgestellt.
g) Auch heute noch werden Teile des Geländes von Archäologen, die nach und nach die ganze Fläche absuchen, weil sie auf weitere Funde hoffen, untersucht.
h) Einer der bekanntesten Funde aus Kalkriese, der, nachdem er bekannt geworden war, für großes Aufsehen sorgte, ist ein römischer Maskenhelm.

Seite 95 **1.**
a) Sein geschäftlicher Erfolg gab dem deutschen Kaufmann Heinrich Schliemann (1822–1890) die Möglichkeit, sich ganz seinem Hobby zu widmen.
b) Er wollte lieber Archäologe sein, als als Kaufmann tätig zu sein.
c) 1864 nutzte er sein Vermögen dazu, eine Weltreise anzutreten.
d) Er hatte eigentlich den Plan gehabt, nach Griechenland zu reisen und dort zu forschen.
e) Doch erst nutzte er seine Weltreise, um nach Indien, China und Japan zu fahren.
f) Statt sich zur Ruhe zu setzen, plante er nach seiner Weltreise Forschungsaufenthalte in Griechenland und der Türkei.
g) Er hatte die Absicht, die antike Stadt Troja zu finden.
h) Schon in seiner Kindheit hatte er damit begonnen, sich für das alte Griechenland zu begeistern.
i) Vor allem die Werke des antiken griechischen Schriftstellers Homer hatten dazu beigetragen, ihn für das alte Griechenland zu interessieren.
j) Schliemann war davon überzeugt, mithilfe der Erzählungen Homers das antike Troja finden zu können.
k) In der Türkei gelang es Schliemann, eine antike Stadt auszugraben.
l) Die von ihm gefundenen Schätze schmuggelte er außer Landes, ohne irgendwelche Bedenken zu haben.
m) Bis heute gibt es Streit, die Entdeckungen und Funde Schliemanns zu beurteilen.

Teste dich selbst! – Kommas richtig setzen

Seite 96 **1.**

a) Der Archäologe Armin Becker kann Dinge sehen, die andere nicht wahrnehmen.
b) Er sieht die Stelle, wo vor Christi Geburt ein römischer Wachturm stand.
c) Und wie pompöse Statuen aussehen, von denen kaum mehr übriggeblieben ist als ein paar lehmverschmierte Bronzestücke.
d) Er lässt seinen Blick über den Boden schweifen, den die Römer für ihre Gräben nutzten, in denen das Wasser für ein ganzes Dorf geflossen ist.
e) Armin Becker, der „die Erde liest", kann das alles sehen.

(1 Punkt für jedes richtig gesetzte Komma; 1 Punkt für jeden richtig gekennzeichneten Relativsatz)

Seite 96 **2.**

a) Archäologen wollen herausfinden (,) wie die Menschen (   ) früher gelebt haben.
b) Dazu beschäftigen sie sich (   ) damit (,) was Menschen aus früherer Zeit zurückgelassen haben.
c) Auch die Abfälle (   ) von damals (   ) interessieren die Forscher.
d) Weil es keine Abfalltonnen gab (,) sah „Müll" früher ganz anders aus (   ) als heute.
e) Und es (   ) gab (   ) keine Mülltrennung.
f) Wenn ein Mensch (   ) im Mittelalter (   ) etwas nicht mehr brauchte (,) warf er es in die sogenannte „Latrine".
g) Das war (   ) eine Art Plumpsklo mit einem tiefen Schacht (,) sodass viele Dinge sich dort sehr gut erhalten haben (,) weil sie gut konserviert wurden.
h) Die Archäologen freuen sich (   ) heute darüber (,) dass die Menschen damals (   ) ihren Müll in diese Latrinen geworfen haben.

(1 Punkt für jedes richtig gesetzte Komma)

Seite 97 **3.**

Beruf: Archäologe

Wer Kent Weeks begleitet, könnte sich wie in den Kulissen eines Gruselfilms fühlen. Denn der Amerikaner, der 60 Meter unter dem ägyptischen Wüstensand arbeitet, gräbt sich durch stockfinstere Gewölbe. Da es so heiß ist, kleben T-Shirt und Hose am Körper. Der Atem keucht. Sand knirscht zwischen den Zähnen.

Während man kriecht, schrammt man mit Knien und Ellbogen gegen spitze Felsen. Jede Sekunde können Schlangen oder Fledermäuse im Dunkel aufschrecken. Dass die niedrigen Felsdecken einstürzen, ist eine andere Gefahr. Totenschädel oder Gerippe, die im Licht der Taschenlampe auftauchen, können ebenfalls erschrecken. Warum Kent Weeks hier herumkriecht? Nun, das „Tal der Könige", das in Ägypten liegt, ist sein Arbeitsplatz.

Hier haben die alten Ägypter vor Tausenden von Jahren ihre Könige, die Pharaonen genannt werden, in unterirdischen Grabkammern bestattet. Der Boden ist durchlöchert wie Schweizer Käse, weil es so viele Grabkammern sind. Weil Weeks Archäologe ist – ein Altertumsforscher –, hat er es sich zur Aufgabe gemacht, diese uralten Gräber zu untersuchen und ihre Position in eine Landkarte einzutragen.

Obwohl die Forscher bis heute 62 Gräber im Tal der Könige aufgespürt haben, war nur eines nicht von Räubern geplündert worden, als die Forscher es 1922 entdeckten: das Grabmal des berühmten Pharao Tutanchamun. Dessen goldene Totenmaske hat Kent Weeks als Jugendlicher in Seattle bestaunt, während er eine Ausstellung des Grabschatzes in seiner amerikanischen Heimat besuchte.

Dass er Archäologe in Ägypten werden wollte, stand für ihn schon als Achtjähriger fest. Weeks erzählt, dass seine Mitschüler die Idee toll fanden, weil sie an Mumien und goldgefüllte Gräber dachten. Er schmunzelt dabei. Obwohl die „Indiana Jones"-

Filme, die bis heute populär sind, ein anderes Bild zeigen, ist Archäologie in Wahrheit das genaue Gegenteil von Schatzjägerei. „Wer Archäologe werden will, braucht bei der Arbeit sehr, sehr viel Geduld“, meint Weeks.

(1 Punkt für jedes richtig gesetzte Komma; 1 Punkt für jedes richtig eingekreiste Wort, das einen Neben-/Gliedsatz bzw. Relativ-/Attributsatz einleitet; 1 Punkt für jeden richtig gekennzeichneten Relativ-/Attributsatz)

67–54 Punkte	53–35 Punkte	34–0 Punkte
Das hast du gut gemacht!	Nicht schlecht! Lies dir noch einmal die Lernboxen im Arbeitsheft (S. 88–95) und im Schulbuch (S. 333–339) durch.	Wiederhole noch einmal die Übungen im Arbeitsheft (S. 88–95) und im Schulbuch (S. 333–339).

Sie haben fünf Minuten Zeit! – Sich auf Einstellungstests vorbereiten

Seite 98 **1.** 1 Blumen/2 Sinnesorgane; Organe; Körperteile/3 Temperatur(empfindungen)/ 4 Kleidungsstücke; Bekleidung/5 Geschwindigkeiten/6 Gefühle/7 Werkzeuge/Fahrzeuge/9 Lebewesen/10 Behälter/11 Erziehungsmaßnahmen/12 Streckenpunkte/ 13 Kunst(werke)/14 Lebewesen/15 beides brennbar

Seite 99 **2.** 1 fg/2bg/3eg/4fg/5ce/6be/7ae/8dg/9bg/10ef/11bd/12be/13cf/14ag/15ce

Seite 99 **3.** 1b/2b/3d/4d/5c/6c/7e/8b/9d/10d

Seite 100 **4.** 1c/2f/3d/4c/5c/6c/7a/8c/9f/10e

Seite 101 **1.**

1 Joghurt r
2 Dezimalwaage r
3 Gallerie Galerie
4 Schwärfälligkeit Schwerfälligkeit
5 Tolleranz Toleranz
6 unwiederstehlich unwiderstehlich
7 Systhem System
8 schick und schön r
9 Schahrm und Anmuth Charme/Scharm und Anmut
10 tot und teufel Tod und Teufel

Seite 101 **2.** 1a/2b/3c/4c/5c/6b/7d/8c/9b/10c/11a/12b/13a/14a

Seite 103 **3.**

- Im Zusammenhang mit der steigenden Arbeitslosenzahl ( ) nehmen die Auseinandersetzungen mit ausländischen Mitarbeitern (,) vor allem innerhalb der Großunternehmen (,) beträchtlich zu.
- Wir gehen davon aus (,) nun unsererseits ( ) alles getan zu haben (,) um Ihre Zustimmung zu erhalten.
- Sicherlich ist es nicht leicht ( ) und vielleicht sogar eine Gefahr (,) Vorhersagen auf diesem Gebiet zu wagen (,) dennoch halten wir eine Prognose für erforderlich.
- Eine abschließende Bewertung der hier vorgestellten Verfahren ( ) ist auf den letzten Seiten zu finden.

- Es wurde immer heißer (,) aber die Sonne (,) die nicht anders konnte (,) wollte nicht mehr aufhören zu scheinen.
- Er dachte nach (   ) und dachte nach.
- Sie bestiegen die Kutsche (   ) und fuhren nach Hause.

Seite 104 **1.** 1e/2c/3b/4d/5d/6a/7e/8f

Seite 105 **2.**
a) 5 (+5) 10 (+4) 14 (+3) 17 (+2) 19 (+1) **20**
b) 7 (+2) 9 (–3) 6 (+4) 10 (–5) 5 (+6) **11**
c) 10 5 50 25 250 **125**   10 (x5) 50 (x5) 250 → 5 (x5) 25 (x5) **125**
d) 78 (:3) 26 (–2) 24 (:3) 8 (–2) 6 (:3) **2**
e) 5 (+) 2 » 7 (+2) » 9 (+7) » 16 (+9) » 25 (+16) » **41**

Seite 9 **3.** 1. Lösung c/2. Lösung c/3. Lösung c/4. Lösung d/5. Lösung d/6. Lösung d/7. Lösung b/8. Lösung a